U0111615

大展好書 好書大展

大展好書 好書大展

命理與預言51

四柱推命　愛情運

日奴比艾・沙羅／著
李　芳　黛／譯

大展出版社有限公司　印行

序言

給美麗、平穩地生活在「現代」的妳

『四柱推命』成立於一千五百年前的中國，被稱為命中率最高的「占卜帝王」。當時甚至因其推命的準確率過高，所以只允許歷代皇帝及一部分重要官役使用，以為治國之方針。

命中率高當然是有理由的。四柱推命是以出生瞬間的「年」、「月」、「日」、「時」為四根柱子，推測其人未來命運。而且這四根柱子可以導出複雜的組合，其細密程度令人驚異。

這種以其人與生俱來命運，從多方面主體對照的占卜，就是四柱推命。

但在推命之前，必須先了解複雜的程度，如果不從四柱推命獨特的解讀法入門，你根本就沒有辦法說明未來、命運。

本書儘量省略複雜程序，採用最重要的「月」與「日」占卜方法。就像在西洋占星術中，取出太陽、月亮、入座宮三項，製作占星天宮圖，即可期待八十%的準確率一樣。

再加上以「年」柱導出的新方法，更可達到精密度極高的四柱推命。新登場的「生涯星」就是告訴我們一生大勢的星辰，如此即可達九五%以上準確率。

請捨棄以往難懂的四柱推命印象，希望本書對生於現代的女性——妳的愛情、婚姻、適性、人際關係等等，能有實質效益，讓妳的人生更平順。

請利用此嶄新的四柱推命，掌握你這一生最大的幸運。

日奴比艾・沙羅

目　錄

第一章　作推命表

十干支　甲　乙　丙　丁　戊　己　庚　辛　壬　癸

十二地支　子　丑　寅　卯　辰　巳　午　未　申　酉　戌　亥

〈記入用〉推命表與星一覽表

推命表

日柱	月柱	年柱	
			天干
			地支
			藏干

星一覽表

凶神星	吉神星	十二運星	戀愛星	命運星	生涯星

推命表的作法

本書從出生年月日的年、月、日柱導出〈生涯星〉、〈命運星〉、〈戀愛星〉、〈十二運星〉、〈吉神星〉、〈凶神星〉等六種星。而在導出各種星之前，必須先完成此推命表。

為了方便說明，以下列舉A、B、C、三人實例，請各位準備一枝筆和我們一起完成吧！

1 記入年柱的天干、地支

請從一九七頁干支曆中找出自己的生年「年干支」。

像〈庚辰〉、〈辛巳〉這類文字就是「年的干支」。

第一個文字是「天干」、第二個文字是「地支」。〈庚辰〉的天干為庚、地支為辰。

下述日期出生者請注意。

★一月生的人：四柱推命使用舊曆，因此，一月出生者請利用前一年最後欄之隔年一月表。年干支也使用前一年之干支。

★二月五日前後出生的人：二月春節（節入日）前出生者，請使用前一年之干支。

例：A小姐

一九七〇年三月十日生

請看干支曆一九七〇年的部分，年干支是〈庚戌〉。A小姐的年柱天干→庚，地支→戌。

A小姐的推命表

日柱	月柱	年柱	
		庚	天干
		戌	地支
			藏干

例：B小姐

一九六八年二月二日生

B小姐生於二月五日前，所以必須檢查春節。

一九六八年二月的春節是五日，B小姐在春節前出生，所以使用一九六七年的年干支，亦即〈丁未〉，天干↓丁，地支↓未。

例：C小姐

一九六九年一月三日生

C小姐為一月生，所以看一九六八年的下欄。年干支為〈戊申〉，天干↓戊，地支↓申。

B小姐的推命表

	年柱	月柱	日柱
天干	丁		
地支	未		
藏干			

C小姐的推命表

	年柱	月柱	日柱
天干	戊		
地支	申		
藏干			

2 記入月柱的天干、地支

和1一樣，月柱的天干、地支也有二欄。從干支曆中找出生年的「月干支」。下述日期出生者請注意。

★各月一日至九日出生的人：在各年月橫欄中有【節入日】一項，此【節入日】實際上就是從這一天開始是新月份的意思。因此，在【節入日】之前出生者，請用前月干支。

★一月出生的人：四柱推命使用舊曆，因此一月出生者，請使用前一年最後之隔年一月生的表。年干支也使用前一年的干支。

例：A小姐

一九七〇年三月十日生

找干支曆中一九七〇年的「月干支」之三月欄，為〈己卯〉。三月的節入日是六日，A小姐在節入日後出生，所以〈己卯〉照用，即天干→己，地支→卯。

A小姐的推命表

	年柱	月柱	日柱
天干	庚	己	
地支	戌	卯	
藏干			

例：B小姐

一九六八年二月二日生

因為B小姐是二日生，所以必須檢查『節入日』。一九六八年二月的節入日是五日，所以B小姐必須使用一月的干支〈癸丑〉，即天干↓癸，地支↓丑。

例：C小姐

一九六九年一月三日生

因為C小姐是一月生，所以看一九六八年的最下面一欄。一月的節入日是五日，因此C小姐是前一年的十二月生，干支為〈甲子〉，即天干↓甲，地支↓子。

B小姐的推命表

日柱	月柱	年柱	
	癸	丁	天干
	丑	未	地支
			藏干

C小姐的推命表

日柱	月柱	年柱	
	甲	戊	天干
	子	申	地支
			藏干

3 記入日柱的天干、地支

接下來找日柱的天干、地支。請從干支曆中找出自己出生月的【一日干支】，但這是出生月的一日干支，不適用於自己的出生日，因此有修正的必要。修正請看十八頁的六十干支表。

從干支曆中找出妳的出生月之【一日干支】，以此干支為一，依出生日數，往（六十干支表）號順推進，求得的干支就是妳的日柱干支。一日生的人則照用【一日干支】。

導出日柱干支的時候與節入日無關。

例：A小姐

一九七〇年三月十日生

【一日干支】為〈庚辰〉，找〈六十干支表〉得到17庚辰。因此從這裡開始數第十號是〈己丑〉，即天干→己、地支→丑。

A小姐的推命表

日柱	月柱	年柱	
己	己	庚	天干
丑	卯	戌	地支
			藏干

例：B小姐

一九六八年二月二日生

【一日干支】為〈辛丑〉，找〈六十干支表〉為38辛丑。因此從這裡開始數第二號是〈壬寅〉，即天干→壬，地支→寅。

例：C小姐

一九六九年一月三日生

【一日干支】為〈丙子〉，找〈六十干支表〉為13丙子。因此從這裡開始數第三號是〈戊寅〉，即天干→戊，地支→寅。

B小姐的推命表

日柱	月柱	年柱	
壬	癸	丁	天干
寅	丑	未	地支
			藏干

C小姐的推命表

日柱	月柱	年柱	
戊	甲	戊	天干
寅	子	甲	地支
			藏干

4 記入藏干

這裡所使用的是在1、2中很重要的【節入日】。首先找出生日是【節入日】（記載於干支曆）起的第幾天，然後利用十九頁的藏干表，從年柱、月柱、日柱各個地支求得藏干。

例：A小姐

一九七〇年三月十日生

A小姐的節入日是六日，A小姐為十日生，十減六為四，因此是節入日後第四天生。

接著看〈藏干表〉。

年柱的地支是〈戌〉，所以年柱的藏干是節入日後七日〈辛〉。以同樣方式求出月柱、日柱的藏干。（參照推命表下）

A小姐的推命表

日柱	月柱	年柱	
己	己	庚	天干
丑	卯	戌	地支
癸	甲	辛	藏干

年柱／地支＜戌＞→藏干＜辛＞

月柱／地支＜卯＞→藏干＜甲＞

日柱／地支＜丑＞→藏干＜癸＞

例：B小姐

一九六八年二月二日生

二月二日是在二月節入日前，所以算前月一月的節入日六日至二月二日為止的日數。（一月的日數）減（一月的節入日）加（二月一日至出生日的日數），即31－6＋2＝27。B小姐為節入日後第二十七日生。請從〈藏干表〉中求出年柱、月柱、日柱的藏干。

例：C小姐

一九六九年一月三日生

C小姐和B小姐一樣是在節入日前生，所以數從前月十二月的節入日七日，至一月三日的天數，即31－7＋3＝27。C小姐為節入日後第二十七日生。

從〈藏干表〉中求藏干。例如年柱地支是〈申〉，則藏干是節入後二十一日以後的〈庚〉。

B小姐的推命表

日柱	月柱	年柱	
壬	癸	丁	天干
寅	丑	未	地支
甲	己	己	藏干

年柱／地支＜未＞→藏干＜己＞

月柱／地支＜丑＞→藏干＜己＞

日柱／地支＜寅＞→藏干＜甲＞

C小姐的推命表

日柱	月柱	年柱	
戊	甲	戊	天干
寅	子	申	地支
甲	癸	庚	藏干

年柱／地支＜申＞→藏干＜庚＞

月柱／地支＜子＞→藏干＜癸＞

日柱／地支＜寅＞→藏干＜甲＞

六十干支表

1	甲子	11	甲戌	21	甲申	31	甲午	41	甲辰	51	甲寅
2	乙丑	12	乙亥	22	乙酉	32	乙未	42	乙巳	52	乙卯
3	丙寅	13	丙子	23	丙戌	33	丙申	43	丙午	53	丙辰
4	丁卯	14	丁丑	24	丁亥	34	丁酉	44	丁未	54	丁巳
5	戊辰	15	戊寅	25	戊子	35	戊戌	45	戊申	55	戊午
6	己巳	16	己卯	26	己丑	36	己亥	46	己酉	56	己未
7	庚午	17	庚辰	27	庚寅	37	庚子	47	庚戌	57	庚申
8	辛未	18	辛巳	28	辛卯	38	辛丑	48	辛亥	58	辛酉
9	壬申	19	壬午	29	壬辰	39	壬寅	49	壬子	59	壬戌
10	癸酉	20	癸未	30	癸巳	40	癸卯	50	癸丑	60	癸亥

藏干表

<table>
<tr><th>亥</th><th>戌</th><th>酉</th><th>申</th><th>未</th><th>午</th><th>巳</th><th>辰</th><th>卯</th><th>寅</th><th>丑</th><th>子</th><th>地支／日數</th></tr>
<tr><td>戊</td><td rowspan="3">辛</td><td rowspan="4">庚</td><td>戊</td><td rowspan="3">丁</td><td rowspan="4">丙</td><td>戊</td><td rowspan="3">乙</td><td rowspan="4">甲</td><td>戊</td><td rowspan="3">癸</td><td rowspan="4">壬</td><td>節入後至7日</td></tr>
<tr><td rowspan="7">甲</td><td rowspan="7">壬</td><td rowspan="7">庚</td><td rowspan="7">丙</td><td>至8日</td></tr>
<tr><td>至9日</td></tr>
<tr><td rowspan="3">丁</td><td rowspan="3">乙</td><td rowspan="3">癸</td><td rowspan="3">辛</td><td>至10日</td></tr>
<tr><td rowspan="11">辛</td><td rowspan="10">己</td><td rowspan="11">乙</td><td rowspan="11">癸</td><td>至11日</td></tr>
<tr><td>至12日</td></tr>
<tr><td rowspan="9">戊</td><td rowspan="9">己</td><td rowspan="9">戊</td><td rowspan="9">己</td><td>至13日</td></tr>
<tr><td>至14日</td></tr>
<tr><td rowspan="7">壬</td><td rowspan="7">庚</td><td rowspan="7">丙</td><td rowspan="7">甲</td><td>至15日</td></tr>
<tr><td>至16日</td></tr>
<tr><td>至17日</td></tr>
<tr><td>至18日</td></tr>
<tr><td>至19日</td></tr>
<tr><td>至20日</td></tr>
<tr><td>丁</td><td>21日以後</td></tr>
</table>

找出各星

推命表完成之後，接下來找出各星，從年柱、月柱、日柱相互關係找出六種星。

各星找法

1 生涯星

請看左頁生涯星、命運星、戀愛星一覽表。從〈日柱的天干×年柱的藏干〉求得。

例：A小姐是〈己×辛〉，所以生涯星是〔食神星〕。

2 命運星

和1一樣使用左表，從〈日柱的天干×月柱的藏干〉求得。

例：A小姐是〈己×甲〉，所以命運星是〔正官星〕。

3 戀愛星

和1、2一樣使用左表，從〈日柱的天干×日柱的藏干〉求得。

生涯星、命運星、戀愛星一覽表

印綬	偏印	正官	偏官	正財	偏財	傷官	食神	劫財	比肩	生涯星／命運星／戀愛星 ╱ 日柱的天干
癸	壬	辛	庚	己	戊	丁	丙	乙	甲	甲
壬	癸	庚	辛	戊	己	丙	丁	甲	乙	乙
乙	甲	癸	壬	辛	庚	己	戊	丁	丙	丙
甲	乙	壬	癸	庚	辛	戊	己	丙	丁	丁
丁	丙	乙	甲	癸	壬	辛	庚	己	戊	戊
丙	丁	甲	乙	壬	癸	庚	辛	戊	己	己
己	戊	丁	丙	乙	甲	癸	壬	辛	庚	庚
戊	己	丙	丁	甲	乙	壬	癸	庚	辛	辛
辛	庚	己	戊	丁	丙	乙	甲	癸	壬	壬
庚	辛	戊	己	丙	丁	甲	乙	壬	癸	癸

例：A小姐是〈己×癸〉，所以戀愛星是〔偏財星〕。

A小姐的推命表

日柱	月柱	年柱	
己	己	庚	天干
丑	卯	戌	地支
癸	甲	辛	藏干

①＝生涯星
②＝命運星
③＝戀愛星

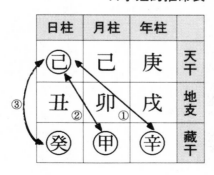

4 十二運星

十二運星代表你出生時所伴隨的運勢。但運勢並非不動之物，四柱推命是從幸運與不幸之間流通來思考，因此在此求得的十二運星並非你的運勢，而是掌握運勢的關鍵。十二運星中有「病」、「死」等令人感到恐怖的名詞，千萬別在意。

十二運星以〈日柱天干×日柱地支〉求得，請參考下頁之〈十二運星一覽表〉。

以A小姐例子來看，〈己×丑〉求得的十二運星為『墓』。

A小姐的推命表

日柱	月柱	年柱	
㊁己	己	庚	天干
㊁丑	卯	戌	地支
癸	甲	辛	藏干

十二運星一覽表

絕	墓	死	病	衰	帝旺	建祿	冠帶	沐浴	長生	養	胎	十二運星／日柱的天干
申	未	午	巳	辰	卯	寅	丑	子	亥	戌	酉	甲
酉	戌	亥	子	丑	寅	卯	辰	巳	午	未	申	乙
亥	戌	酉	申	未	午	巳	辰	卯	寅	丑	子	丙
子	丑	寅	卯	辰	巳	午	未	申	酉	戌	亥	丁
亥	戌	酉	申	未	午	巳	辰	卯	寅	丑	子	戊
子	丑	寅	卯	辰	巳	午	未	申	酉	戌	亥	己
寅	丑	子	亥	戌	酉	申	未	午	巳	辰	卯	庚
卯	辰	巳	午	未	申	酉	戌	亥	子	丑	寅	辛
巳	辰	卯	寅	丑	子	亥	戌	酉	申	未	午	壬
午	未	申	酉	戌	亥	子	丑	寅	卯	辰	巳	癸

5 吉神星

吉神星與凶神星是一般四柱推命不太提及的特殊占卜法，準確率極高。利用月柱、日柱占卜。

求吉神星有以下三種方法：

①＜天干×地支＞組合法。使用「吉神星一覽表①」。

②＜地支×天干＞組合法。使用「吉神星一覽表②」。

③＜地支×地支＞組合法。使用「吉神星一覽表③」。

※此處不用推命表的＜藏干＞。

請看B小姐的推命表。

①從＜天干×地支＞求吉神星。

癸×丑：福星貴人、暗祿

癸×寅：金輿祿　壬×丑：金輿祿

壬×寅：天官貴人、文昌貴人、天廚貴人、暗祿

②從＜地支×天干＞求吉神星。

丑×癸：無　丑×壬：無

B小姐的推命表

	日柱	月柱	
	壬	癸	天干
	寅	丑	地支

寅×癸：無　寅×壬：天德貴人、月空

③從＜地支×地支＞求吉神星。

丑×寅：無　寅×丑：無

因此，B小姐的吉神星是「福星貴人、暗祿、金輿祿、天官貴人、文昌貴人、天廚貴人、天德貴人、月空」等八個。若相同吉神星出現二次以上，則此吉神星的幸運度更強。

吉神星一覽表①

天干＼吉神星	天乙貴人	大極貴人	天官貴人	福星貴人	文昌貴人	天廚貴人	暗祿	紅艷	金輿祿	富貴學堂	日德	日貴
甲	未丑	子午	未	子寅	巳	巳	亥	申	辰	亥	寅酉	卯戌
乙	子申	子午	辰	丑	午卯	午	戌寅	午	巳	午	亥	未酉
丙	酉亥	酉卯	巳	子寅	申	巳	申	寅	未	寅	辰戌	丑午
丁	酉亥	酉卯	酉	酉戌	酉	午辰	未	未寅	申丑	酉	子巳	亥酉
戊	未丑	戌辰	戌午	申	申巳	申	申酉	辰	未	寅	辰亥	子卯
己	子申	丑未	卯	未	酉	酉	未	辰	申	酉寅	午戌	巳亥
庚	未丑	寅亥	亥	午	亥	亥子	巳	戌卯	戌	巳	辰酉	申
辛	寅午	寅亥	申	巳	子	子	辰	酉	亥	子	丑卯	未戌
壬	卯巳	巳申	寅	辰	寅	寅	寅	子	丑未	申	戌亥	午酉
癸	卯巳	巳申	午	丑	卯酉	卯子	丑	申辰	寅戌	卯	未亥	巳卯

吉神星一覽表②

地支＼吉神星	天德貴人	月德貴人	月空
子	己	丁 壬	丙
丑	乙 庚	乙 庚	甲
寅	壬 戊	辛 丙	壬
卯	己	己 甲	庚
辰	丁 壬	丁 壬	丙
巳	丙 辛	乙 庚	甲
午	甲	辛 丙	壬
未	乙 甲	己 甲	癸
申	戊 癸	丁 壬	丙
酉	己	乙 庚	甲
戌	辛 丙	辛 丙	壬
亥	庚 乙	己 甲	癸

吉神星一覽表③

地支＼吉神星	天德貴人
子	申 巳
丑	
寅	
卯	申
辰	
巳	
午	寅 亥
未	
申	
酉	亥 寅
戌	
亥	

6 凶神星

求凶神星使用二種方法。

①〈天干×地支〉的組合。使用「凶神星一覽表①」。

②〈地支×地支〉的組合。使用「凶神星一覽表②」。

請看B小姐的推命表。

①從〈天干×地支〉求凶神星。

癸×丑：羊刃　癸×寅：流霞

壬×癸：無　壬×寅：無

②從〈地支×地支〉求凶神星

丑×寅：孤神　寅×丑：血刃

B小姐有「羊刃、流霞、孤神、血刃」等四個凶星。

凶神星一覽表①

天干＼凶神星	羊刃	流霞	飛刃
甲	卯	酉寅	酉亥
乙	辰巳	戌	戌午
丙	午寅	未	子午
丁	未酉	申巳	丑
戊	午	巳寅	子午
己	未	午	丑酉
庚	酉	辰子	卯亥
辛	戌子	卯申	辰
壬	子	亥	午申
癸	丑	寅卯	未

凶神星一覽表②

地支＼凶神星	孤神	天耗	亡神	白衣殺	血刃	咸池	斷橋
子	巳寅	戌申	辰亥	酉	卯午	未酉	丑子
丑	未寅	巳戌	子申	丑辰	亥	卯午	酉亥
寅	亥巳	戌子	酉巳	申巳	未丑	午卯	辰寅
卯	辰巳	丑寅	辰寅	午子	申未	酉子	戌卯
辰	未巳	午辰	卯亥	子丑	戌寅	酉	申
巳	子卯申	辰午	酉申	亥申	戌申	巳午	寅丑
午	丑申	未申	酉亥巳	午卯	辰卯	子卯	寅戌
未	亥申	未戌	午寅	巳戌	辰酉	卯子	丑酉
申	丑戌亥	寅子	未亥	午亥	卯辰	巳酉	申辰
酉	辰亥	寅	卯申	丑午	未戌	子午	酉巳
戌	未亥	子辰	丑巳	申未	寅巳	酉卯	戌午
亥	辰寅	卯午	申寅	巳寅	丑亥	戌子	酉未

※一部分有三項

第二章　從命運星、生涯星占卜運勢

☆從命運星了解基本性格與人際關係

☆從生涯星了解你的人生航路

☆從命運星了解基本性格與人際關係

命運星在 比肩

經常向上司挑戰的積極進取者，但往往因前進而與周圍發生衝突

●基本性格

以『比肩星』為命運星的妳，向上心強、不服輸，是獨立精神旺盛型。『比肩星』的『比肩』是與他人並肩之意，以此星為命運星的人，希望凡事均能與他人並駕齊驅，並期待自己超越他人，無意識中存在強烈性格。由於不服輸，所以往往與他人發生衝突，性格高傲、充滿旺盛生命力。

領導力也強人一倍，一旦擔負重要職責、任務時，會愈前進愈勇猛，你不會從他嘴中聽

到喪氣、求人的話，積極往自己目標、理想邁進。

但這種旺盛的活力卻缺乏融通性，不願聽取旁人意見，獨善、頑固是其缺點。

但這種人也是乾脆、單純型，與人競爭一定採取正大光明途徑，是個有潔癖的人。另外，此人討厭被束縛，熱愛自由。

●人際關係

因為不服輸的高傲性格，使你給人不好相處的印象，雖然做事積極進取，但也有人持反面意見，「自己好就好，都不管周圍的人」。

但由於你本來就是個表裡一致、乾脆的人，討厭被干涉，也不喜歡干涉他人，所以他人了解你這種明快的性格後，摩擦就會逐漸減少。

只不過「他們總有一天了解我」的想法，使你與他人減少摩擦的時間會拖長。希望妳以積極的態度主動與人交往。努力爭取他人對你的了解，隨時提醒自己注重協調性。與其討厭他人干涉，倒不如自己主動出擊、關心他人。

除了工作上的交際之外，透過運動，興趣也可擴展人際關係，使人生更寬廣、有魅力。

命運星在劫財

外柔內強、得失心重。能避免與他人衝突，但卻將怒氣發在家人身上的「內威型」

●基本性格

以『劫財星』為命運星的你，屬於獨立心旺盛的堅強型。『劫財星』與『比肩星』為兄弟星，共通點很多。但『劫財星』不像『比肩星』那麼強硬，會視對象、狀況而改變方法，具有柔軟性。雖然表面上看起來具有協調性，但因為「劫財」有「奪財（財產、地位等物）」之意，所以你會有受他人威脅自己存在、地位的不安感，內心充滿熱情，生命力旺盛，絕不像外表那麼柔軟。

另外，你比一般人對利益敏感，當妳與他人交往時，會在瞬間判斷自己的得失，如果自己立於損方，則立即收手，計算力很強。

就像「會咬人的狗不會叫」一樣，即使你對自己的能力充滿信心，但是不會表現出來。從不好的一方面而言，你具備雙重性格，不過也可說你是兼具溫柔與伶俐雙重優點的現代女性。

●人際關係

你將向上企圖心隱藏得很好，在外表絕對看不出來，柔軟度極佳。你會積極避免與他人發生衝突，但在本質上，你絕不是肯照著他人意思前進的人，所以隨著交往密切，你會逐漸顯露出強烈的性格，令周圍人大吃一驚。

你認為對家人沒有掩飾的必要，很容易在家人面前動怒，當你在公司遭受挫折、與同事相處不睦時，你會靜默不語，但這些怒氣在你回到家中時，就會像洪水一樣猛烈渲洩出來，是典型的「內威型」。

你擁有豐富才能與自信，對於比自己卑下者，有點瞧不起對方的意思。擁有『劫財星』的你，為了不使難得的柔軟性與聰慧氣質得到反面評價，最好改掉眼光高的壞習慣，與任何人均和睦相處。當你喪失一份友情後，就很難再與對方交往，所以平日請重視人與人之間的情誼，不要讓自己孤立了。

命運星在食神

爽朗、明亮、受人喜愛的社交高手。
注意不要成為濫好人

●基本性格

以『食神星』為命運星的你，是柔和的社交家，不論和任何人說話都不膽怯，即使初見面者也一樣。性格開朗而溫和，光是微笑就會令對方安心。

「食神」是控制食衣住的神，因此有幸在食、衣、住等物質方面無缺，即使自己不積極努力，也可過著富裕的生活，開朗、樂天的你總是笑嬉嬉的。

但從另一方面看，你有不喜歡努力、怠惰的一面，與忍耐力、持續力等形容詞無緣，是個享樂派的樂天主義者。不少人是肥胖型的美食專家，不過這種傾向也具有正面意義，由於好奇心、追求美的傾向，不少人在藝術上有很深的造詣。

此外，此星具有正直性，感情、慾望能淸楚地表現出來，也許其他這類型人會被批評為「為所欲為、任性」，但你的這種性格卻讓人感到天真浪漫，真可說是與生俱來的幸運者。

●人際關係

你為人開朗、爽快，充滿服務人群的精神，因此不用為人際關係而煩惱，與任何人均能相處愉快，旁人也都會喜歡你。從小就被當成偶像崇拜的人一定也不少，但因為你極力避免與周圍人發生衝突，所以也許會被批評為對任何人都討好。

另外，或許你沒有惡意，但卻因為不了解他人的心情，以致於在言詞之間傷害對方，這一點必須特別注意。不論他人認為你是多麽「天真浪漫」、「任性又不讓人討厭」的人，但還是有個限度，請別忘了以體貼的心待人。

你經常與友人在興趣、休閒娛樂方面交流，但在享樂之外的工作方面，你卻不容易得到好評價。為了在工作場合獲得信賴，你應該改掉怠惰的習慣，養成負責的態度與積極進取的精神。

命運星在傷官

喜歡華麗、充滿才能的人。
很容易因多管閒事而捲入是非紛爭之中

●基本性格

以『傷官星』為命運星的你，不論好事壞事均屬強烈自我顯示慾型，尤其喜歡出風頭、立於醒目的位置，可說是個華麗派的人。你對流行資訊很敏感，總是快人一步穿起當季流行品，喜歡嶄新事物，直覺感豐富、腦筋轉得快，常捷足先登，才能洋溢。

但這些才能、聰明並不一定用在正途上。怎麼說呢？「傷官」之意即傷「官」，此官代表社會地位，因此有此命運星的人，有可能得到地位、名譽、才能，但卻容易因不當行動而喪失。例如因為自己知識淵博就不考慮他人立場地賣弄、因為直覺感受到周圍愚笨而焦慮、嚴格批判對方缺點等等。如此一來，難能可貴的才能、直覺也付之一炬。「禍從口出」、「滿瓶不響、半瓶叮噹響」是你最該引以為誡的。

但你內在也有單純、樸素的一面，很容易因他人不經意的一句話而痛心，也很容易因朋友有難卻無法幫助而傷心。

●人際關係

你是才能洋溢、醒目出衆者，能言善道，連不該說的話也霹哩叭啦地說出來，會毫無掩飾地指責對方缺點，有多管閒事的傾向。在這種情況之下，想不引起人際關係紛爭也難。

即使如此，但你的本質卻很善良，只要意識到說話不要傷人，應該可以築起良好人際關係。

你需要的不是一朝一夕建立的友情、信賴關係，而是花時間讓對方了解自己優點的人際關係，一見如故的友情一定維持不長久。

然而擁有此「傷官星」的人，雖然能愉悅他人，自己卻得不到什麼好處。不過妳並不會因此而停止為他人服務，現在的你最應該有的心態，就是盡心盡力付出不求回饋的精神。

命運星在偏財

不為外物所動，以自己的速度進行工作。很容易因輕言承諾而陷於困境

●基本性格

命運在『偏財星』的你，精力旺盛、彈性很大、性格乾脆，不會因一點小事而動搖，總是不讓自己的速度因外力而崩壞。就算遭遇什麼挫折，也不會大呼小叫地引人矚目，你會獨自輕鬆地解決。你不是個會為一件事煩惱、想不開的人。

「偏財」是流動財產之意，除了金錢財產之外，也暗示資訊、人、興趣等使人生多采多姿事物經常移動。一旦對什麼事有興趣，立刻著手進行，旺盛的好奇心使你不安於一樣事物。交朋友也一樣，你有許多朋友，但卻個個交情不深。

行。

興趣方面當然多采多姿，在遊樂方面，你能發揮與生俱來的才能，連工作你都當遊戲進

體貼他人、富人情味是特徵之一。別人拜託你一件事，妳能為對方做二件事。思考條理分明、是領導人才，但有時可能太重視理論，過於傾向於合理性，以致在交際上欠缺靈活。

●人際關係

擁有此命運星的你，具有乾脆性格與體貼態度，因此能與人和平相處，而且你與人交往不會有先入為主的觀念，不論對方社會地位、收入、外表如何，都不會影響你的交友，這是一大優點。「偏財」本來就有與各種人交流之意，也是你的開運之道。

只不過，人際關係再好也得注意摩擦與紛爭。

首先，妳很容易輕言承諾，一旦達不到，則好不容易建立的人際關係就完了。答應對方之前先衡量自己的能力，做不到就坦言做不到。另外，你飄飄然依自己速度做事的態度也是魅力之一，但在人際關係當中，這種性格很可能不被理解。

尤其社會上交往重視禮節、規則，所以請不要忘了早晚見面打招呼等小動作。

命運星在正財

誠實、認真的人格深得他人信賴。也可能因體貼他人而受傷害

●基本性格

以『正財星』為命運星的妳，謹慎、誠實、認真。喜歡流行、有品牌之物，不會讓人覺得輕浮，外表比實際年齡看起來成熟。你為人謹慎、重視小細節，自己一點也不任性，但卻能接受他人的任性，這種穩重與溫柔正是魅力所在。

「正財」即踏實努力、孜孜不倦築起固定財產之意。擁有此命運星的人，不論對任何事均正面相向，往自己的目標一步一步地努力前進，不會寄望天降大運或橫財。踏實前進的姿態能得到他人好評，成為一位值得信賴、愛慕的人。

但有時認真、踏實會讓人感覺「太認真了、一點趣味也沒有」，此時優點卻成了負面作用。有時需要放鬆心情，謹慎很重要，但視情況而定也需要一些乾脆行動的魄力。如果能在你的謹慎、踏實中加入些柔軟性，那就真的是太完美了。

●人際關係

因為你認真、謹慎的性格，使得你對任何事，包括交友均深謀遠慮，因此得到長輩、同輩、晚輩的信賴與愛慕。

人際關係一生安定，只要沒意外，根本不必擔心捲入是非紛爭中。

但「意外之事」並不是絕對不會發生，不要忘了世上不是全都像你這種誠實、認真的人，不要讓他人利用你的誠實，尤其小心替人做保。

另外，你對周圍心存寬恕，但周圍人不見得以同樣寬恕的心對待你。當你被對方隨便的動作、言詞傷害時，由於性格謹慎、體貼，所以你往往什麼也不說……這種情形應該不少。有時候應該乾脆地表達自己的心情，這對人際關係也很重要。

命運星在偏官

積極行動的自信家。與周圍衝突不斷，但卻是領導型人物

●基本性格

以『偏官星』為命運星的你，充滿自信、行動力旺盛，滿腦子革新思想。因此經常與周圍人發生衝突、與上司、長輩反抗，可謂血氣方剛型。

「偏官」是求權威、地位之意，但並不是「求取力量」愈強愈幸運，只不過此人與生俱來追求的力量便強人一倍。「偏」這個字所代表的意思正是如此，力量常常偏向之意。因此必須學習控制強烈的自我，而且改掉容易熱過頭的性格。

即使這麼說，但充滿活力的你意志堅強、責任感強人一倍，受託之事就算犧牲自己也非

得完成不可，講義氣、重人情。只要有人拜託你、仰慕你，你便會不計得失地一頭栽進去，這種誠實也是魅力所在。

腦筋好、頭腦敏銳，是談生意、做買賣的高手，在領導才能方面也能發揮得淋漓盡致。只要凡事退一步，不要太過於感情衝動，行動前先思考一下，則你一定是位優秀的領導人才。

●人際關係

擁有此命運星的你，活力充沛、行動力旺盛，這些優點用於人際關係方面，當然就不全是優點了。因為並不是每個人都有像你一樣的積極性，你一旦要求對方、對方達不到，摩擦便產生了。

在此你必須先學習的是，不要固執於自己的做法。交朋友並不是要在彼此之間築起一道牆，而是一起築起一道友情之橋，複數對象的基本理論亦同。先了解對方的性格、嗜好，然後再努力讓對方了解自己的性格，相信你必可創造良好的人際關係。

尤其具革新思想的你，很容易與長上發生衝突，請不要忘記多學學年長者的經驗。

命運星在 正官

禮儀端正、認真的好學生。
如果能更坦率地表現自己，必可提升魅力

●基本性格

以『正官星』為命運星的你，是一位禮儀端正、正直、誠實的人。溫厚、謹慎，是好學生型。

『正官』代表法律、規律之意，亦即以遵守這些規定而得到名譽、地位。因此，此星誕生者與生俱來禮儀端正，做事一板一眼，不論何時何事均按部就班地往目標前進。這種有節有度的生活態度當然會得到社會、學校的好評，尤其受上司、老師的喜愛。

但有時謹慎得太過度，不但自己喘不過氣來，也會帶給周圍刻板的印象，不妨偶爾放鬆

自己，妳會發現人生更美麗。不要凡事拘泥小節，有時候睜一隻眼閉一隻眼，你的世界將更愜意。你現在最重要的，就是不要以自己的價值觀判斷他人，才能更擴展生活空間。

●人際關係

擁有此命運星的你，認真、規矩、誠實，討厭拐彎抹角，是禮儀有節型。因此，當然獲得周圍信賴，尤其深得長輩信任。

但這種認真態度反而是你人際關係的絆腳石，因為妳讓人感覺太過堅硬，別人不太敢親近你。所以雖然許多人對你有好感，但你能夠敞開胸懷交往的朋友卻不多，這也常常造成你的煩惱。

另外，你過於知性、理性的思考，也造成自己緊張。

在此想奉勸你的是，最好坦率地表現出自己的弱點，在遇到「想要什麽」、「想吃什麽」的問題時，清清楚楚地說出自己的嗜好。

如此向自己挑戰後，妳就會在不知不覺中從「認真的人」、「一板一眼的人」一變而為「有個性、有魅力的好人」。

命運星在偏印

好奇心旺盛、想像力豐富、特立獨行。人際關係充滿變化、不長久

●基本性格

以『偏印星』為命運星的你，是一位懂得社交要領的公關人才。充滿知性好奇心，喜歡追求新的變化、刺激，而且腦肋轉得快，堪稱天下第一品，是聞一知十的優秀人才。想像力豐富，經常會出現獨特的構想，總讓周圍人跌破眼鏡。

但這麼聰明、才氣洋溢的你，卻往往在對什麼事都充滿興趣的途中，忽然又冷卻了，屬於易熱易冷性格。另外，你對自己的才能、隨機應變能力過於自信，常常對他人不屑一顧。因此，即使他人一開始對你抱持好感，也會逐漸與你疏遠。

『偏印』表示智慧、學問偏向的意思。換句話說，此人雖具備高人一等的才能、想像力，但卻無法完全發揮，容易將才能浪費在非本道的興趣方面。在此奉勸『偏印星』的你，凡事不要只看表面，應該多花些時間慢慢深入學習，就算立即看到成果，也不可驕傲怠慢，堅持到最後，才能提高幸運度。

●人際關係

擁有此命運星的你，知性、想像力豐富，和任何人均可輕鬆交往，很能掌握人際關係要領，讓人第一眼就想與你交往。然而，你自己很討厭維持友情，因為你認為那樣很麻煩。所以雖然一開始臨機應變與對方相處得很好，但卻愈來愈覺得要適應對方是一件很麻煩的事，於是友情就逐漸變淡了。

如果妳不先放掉這種三心二意的習性，那你的人際關係就好不了。至少對你而言很重要的朋友，你應該主動與其聯絡，相約吃飯、郊遊等等，努力好不容易建立起的友情。

另外，驕傲也會為你帶來災難。有錯的時候就承認自己錯誤，只要心中有此餘裕，不但能使你更具魅力，也可提高人際關係運。

命運星在印綬

研究熱心，勤勉、聰明的理論家。大方、穩重，令周圍留下深刻印象

●基本性格

以『印綬星』為命運星的你，是智慧性、理論性的思考專家，屬於踏實行動型。不論何時何地均慢慢地、仔細地做事、行動，給周圍留下大方、穩重的印象，而不屬於華麗型。

『印綬』是古代中國為表示身分、地位，而封予印綬。

在此，以『印綬星』為命運星的人，不但學問好、頭腦聰明，而且在研究方面熱心、勤勉，學生時代多為成績優秀之人。當然，踏出社會後仍然能在研究、學問領域上崢嶸頭角。具幽默感、感受性豐富，一定有不少人在藝術領域上發揮才能。

這是一顆重視地位、名譽的星，所以有一點高傲傾向，極端厭惡他人批評，是個有精力的人。但太優秀了也為你帶來災害，因為你容易在以自己為中心的世界裡打轉，往往惹得別人討厭你。為了不讓自己難得的優秀好頭腦受到相反評價，希望你能傾聽他人的意見，保持一顆通風優良的心很重要。

●人際關係

擁有此命運星的你，具理智、聰明、大方、穩重，讓旁人一眼就注意到你的存在，在人際關係上沒什麼大礙，是位幸運女性。

但你也許不了解自己的弱點所在，那就是你太具知性了。往往在同年齡層或晚輩印象中，你的智慧令人有堅硬、冷酷感，好像很難親近的樣子。此時你最好以興趣、藝術分野為話題，從柔性方面展開人際關係，一定可以打開僵硬的氣氛。

另外，你的高傲讓你有不接受他人意見、批評的缺點，這樣就枉費你被稱為聰明的女性。而『印綬』也有母親之意，也許有人在過保護的養育之下，成為自私自利的人，聰明的你應自重。

☆從生涯星了解你的人生航路

生涯星在比肩

●整體人生

年輕時充滿幹勁與衝勁，少年有成

生涯星中有『比肩星』的你，年輕時代勞苦不絕，而且往往自討苦吃，例如因為不服輸而出現的競爭心，無異於自掘墳墓。因為自己高傲而對他人好意不領情，也使幸運與你擦肩而過。

但經過一連串的失敗、挫折後，你應該會控制自己的言行，學會與他人配合。

而且你的周圍也不完全是敵人，一定有了解你的內心真摯的朋友，在友情的鼓勵之下，你能重拾信心、脫離苦境。

能夠協助你、拉你一把的人，往往就在你身邊，很可能是兄弟姊妹、同事、朋友等人，所以平常就應該用心與周圍人交流。

中年以後也受性格拖累，人際關係紛爭不斷，但即使不幸運，你至少也學習到人際關係技巧，壯年之後應可達到成功、受人尊敬。

●適合職業與財運

能在銷售商品的營業分野上發揮才能

在這個競爭社會當中，你本來就具備勝利的才能，很可能在工作方面獲得成功。尤其在享譽國際的營養工作、設計工作、經營管理方面，能發揮最高才能。另外，在自由業、自營業等獨立工作上，例如作家、設計師等分野上能擴展才能。

相對於此，財運就有點波瀾了，由於不服輸，所以有散財傾向。

最好儘量避免浪費，養成平日儲蓄的好習慣，但年輕時自己投資另當別論，即使當時呈赤字，往後卻能行大運。

生涯星在劫財

發揮與生俱來的力量即可掌握成功。若能不忘謙虛，則一生安泰

●整體人生

生涯星中有『劫財星』的你，自己內在威力如何發揮，會大大改變你一生航路。例如深信自己的才能、潛力，孜孜不倦地努力，則有朝一日，這股威力會綻放成一朵美麗的花，讓你嘗到成功的滋味。本來你就是蘊含熱情的人，前面這座高山愈高，妳就爬得愈起勁，這也是『劫財星』的特徵。

但如果對自己的才能過度自信，一定會成為高傲、令人討厭的人，如此一來，善於經營的手腕就會被掩蓋，逐漸在人際關係上形成齟齬，到了這個地步，成功又怎麼會造訪你呢？

想構築更幸福的人生，就不可忘記保持真摯與謙虛，這樣你才能控制住內在燃燒的火焰

，成為充滿協調性、柔軟性的人，中年以後也能安泰渡日。此外，對你而言的良友，是有崇高目標者，彼此能互相刺激、互相成長，提高幸運度。

●適合職業與財運

藝術方面或數理方面的工作。財運普通

你本來就具備大膽決斷、實行的潛在魄力，只要善加利用此威力，必可獲得大成功。基本上你並不適合書寫工作，比較適合向外發展的工作內容，外商公司具挑戰性，只要實力夠，一定能滿足自己的需求。

另外，也適合在藝術方面求發展，最適合取得資格、磨練技術的職種，具體而言，如音樂老師、美術設計師等等。不少人在理論思考、數理方面能力超人，這也是此星的特徵之一，所以也適合往醫師、藥劑師方面發展。

財運並不特別好，但一生有幾個大機會。你不屬於辛勤存錢型，而是掌握機會賺大錢型，可以進行股票、不動產等投資。

生涯星在 食神

一帆風順、穩當的人生。但如果怠於努力，便會在不知不覺中走入窮途末路………

●整體人生

生涯星中出現『食神星』的你，天生俱備衣食無缺的命運，因此多半出生在富裕家庭，不會感到什麼不足。但即使家境不那麼富裕，也會在雙親、周圍人愛情的滋潤下，過著愉快的生活，不會感受到物質方面的不足。往後你的人生航路風波少，有持續安定的運勢，可說是「在幸運之星庇護下出生者」。

但即使幸運如你這般，也還是會遭遇一、二件不幸事件，這些挫折是要提醒你，在一帆風順的人生之旅上，仍不可忘記不斷地努力。是要不努力滿足於與生俱來的幸福，還是要稍微努力一點，掌握期待中的幸福，是你應該仔細思考的課題。

●適合職業與財運

適合接待客戶的行業。衣食無缺、財運佳

你天生具備旺盛的服務精神，能夠讓周圍人放鬆心情，所以你最適合從事與接待客人有關的工作。

一言以蔽之，是接待業，但種類非常繁多，從公司接待小姐、百貨公司售貨員到空中小姐等等，不勝枚舉，不論在那一行業上，你都能勝任愉快、表現突出。

最基本的接待業可說是餐飲業，另外，與人接觸的護士、美容師、幼稚園老師等服務工作也很適合你。

財運方面，由於得「食神」庇護，所以衣食無缺，不過如果妳因手頭寬裕而浪費成習，福神便會逐漸遠離。日常儲蓄很重要。

生涯星在 傷官

●整體人生

小心禍從口出。拜聰明之賜，能獲成功

以『傷官星』為生涯星的你，本身運勢絕對不壞，但因為急躁、好辯，往往使得好不容易降臨的幸運溜走。說不該說的話，做不該做的事，都是自找麻煩的禍源。希望你能謹言慎行，並且言出必行，以免辛苦的努力以悲劇收場。

只要你注意言行舉止，不要隨便亂說話，則你的才氣必定給周圍人留下深刻印象，而且你的聰明與直覺必定能引導你踏上成功之路。

另外，你和『食神星』的人一樣，都具有衣食無缺的命運，能夠一開始就站在安定的生活基礎上向自己的夢想邁進。當你參加資格考試時，能因優秀的學歷而通過初審，你不必比別人多花功夫，就可提早到達成功站。

但『傷官星』的人有因壓力而損害健康的傾向。也許你外表看起來很健康，但實際體質卻不是很好，請你不要勉強自己。

●適合職業與財運

運用想像力的作家之類很合適

你天生具有頭腦清晰、思考靈活、想像力自由奔放的才能，所以最合適的是能盡量發揮想像力的工作，如藝術領域的職業。作家、畫家、評論家、設計師、攝影師等都很適合你。另外，善辯有時無異自掘墳墓，如果能在廣播界、教育界從事與說話相關的工作，必定如魚得水。

你也具備醫療才能，能在外科、整形外科、手術室等地扮演稱職的護理人員。

天生衣食無缺，但你的經濟觀念都不怎麼發達，所以財運普通。即使大筆進帳，也會在你大筆消費、幫助他人之下，依然兩手空空。

生涯星在偏財

有山有谷、波瀾萬丈。莫將不幸當不幸，你的個性能使你快樂度日

●整體人生

生涯星出現『偏財星』的你，運勢起伏出乎意外地大，但即使遭遇不幸你也不會過度意識，就像在受暴風雨侵襲仍然不壞的建築物中，你一點也不畏懼，但窗外暴風雨畢竟是事實，你的生活一定多少會受影響。

但這些不幸對你而言並沒什麼大不了的，你仍然飄飄然地依照自己的步調前進，因為你天生是屬於樂天派，你始終相信自己有不錯的運氣。

正因為你個性如此，所以在有山有谷的人生旅程中，你忙著在變化中愉快度日。

與其當個平凡的家庭主婦，還不如在工作與家庭中享受充實的生活樂趣，相信屬於你的

成功指日可待。

中年以後仍充滿旺盛的好奇心，對任何事均有挑戰的慾望，尤其在和各種類型的朋友交往中，你努力維持友情，幸運也隨之升高。

●適合職業與財運

往外與旅行有關的工作最佳

你本來就喜歡充滿變化的生活，好奇心旺盛，有向新事物挑戰的企圖心，所以最適合的職業是導遊、旅行社設計員、旅行觀光媒介等工作。因為這類工作能滿足你的好奇心，並且讓你得到豐富的經驗。

另外，你的人際關係廣，具經營、交易才能，如果自己經營公司，你必能活躍於第一線上。在競爭激烈的廣告界、大衆傳播界，能將才氣發揮得淋漓盡致。

金錢出入均多，也許你不認為自己有錢，但實際上你的財運很好。在副業上成功的機會很大，抽獎活動也常看你中獎。

生涯星在正財

有一段時期為周圍不認同而苦惱，但終會獲得好評，使幸運度上升

●整體人生

生涯星在『正財星』的你，前半生緩緩呈圓弧形上升，後半生則急速呈圓弧形上升。只不過前半生上升的弧度太緩和，幾乎沒什麼變化，因此也許你會因為自己的努力、勞苦看不到果實而煩惱。

你不太敢向自己挑戰，討厭博得觀眾掌聲的表演，總是一點一滴地積蓄努力實力，得到周圍之認同，這種行為當然不夠明顯。最初你或許會因為沒獲得周圍評價而喪失自信，或比自己能力弱的人一個個地受拔擢，而玩味人生悲哀，這種不幸與勞苦在年輕時代必定跟著你。但你的誠實、踏實，有朝一日一定能獲得好評，如果遇到有人賞識，這一天來得更早。從

此以後，你的運氣便如魚得水般順利。

即使說你終將苦盡甘來，但並不是默默努力就好，還應該有掌握時機的勇氣，這種氣概才能使人生幸運門扉早日敞開，也才能獲得大成功。

●適合職業與財運

公務員、銀行員等需要堅實努力的工作

你本來就具有強烈責任感，做事認真仔細，不論讀書或工作，不將份內應該做的事做好就感到不安，所以你最適合從事公務員、銀行辦事員這種需要踏實精神的工作。你做任何事都以信用為第一考慮重點，絕對能獲得他人信賴。

另外，『正財星』是與財運關係密切的星，所以你也適合銀行以外與金錢有關的行業，如證券公司、保險公司職員。你認真、敦厚的人品及充滿正義感的精神，也很適合教師、褓姆、護士等工作。

財運一生安定，以正財之名孜孜不倦地儲蓄，也可達到「堆積如山」的財富。

生涯星在偏官

在反覆起起落落的運勢中前進。只要抓穩機會即可飛黃騰達

●整體人生

生涯星在『偏官星』的你，幸運度非常大，而不幸風暴也在你左右吹襲，可說是起伏激烈的運勢。但即使起起落落，你的運勢還是能持續上升，因為你是具備成功威力的女性。就算你遭遇困境、挫折，也會想如何往另一個舞台躍進，只要一有時間，你就會打開現狀，不斷努力往前進。

但你所遭遇的不幸、困境，往往都是你在工作、人際關係上多管閒事所造成，這種情形出乎意外地多。另外，在能力尚未準備完全時就起步的情形也不少，像這種過於自信而導致的運勢滑落，並不會讓你一敗塗地，你應該還有起立的勇氣。

相對於此，你有什麼幸運呢?第一，你的機會不少，例如生意方面的新企畫一定會讓你

掌握。因此，你平日就應該充滿幹勁，隨時向自己的意見挑戰，機會造訪率高，幸運度也跟著提高。

●**適合職業與財運**

能活躍於需要實行力與想像力的風險企業

你本來就具備很大的標準、肚量，所以你很適合當老闆，尤其是走在時代尖端的工作。例如，現在的個人電腦公司等，需要嶄新創意、開發新分野的冒險性企業最適合你。此外，政治家、教師也能發揮你的專長。在公司就職者，能爬到相當高的地位。藝術方面的才華也洋溢四射，不論在音樂、美術、戲劇、文學等分野上，或需要想像力的廣告、大眾傳播界，都能有傑出表現。

你富有未來性，但財運卻波濤不斷。與其孜孜不倦地存錢，你寧可一夕致富，所以財運並不安定。而且妳喜歡賭博、投機商品也對妳造成負面作用。

機會不是隨隨便便抓就好了，必須謹慎評估是否可行，而你也應該為將來的成功努力儲蓄、避免浪費。

生涯星在正官

●整體人生

平平淡淡地以自己的步伐掌握「合乎自己」的幸運。最後得到周圍的尊敬

生涯星在『正官星』的你，並沒有特別大的幸運，但也沒有什麼不幸，安安穩穩地在平淡中前進。一生中遭遇突然失意、悲哀而哭泣的機會少之又少，以自己的步調踏實地掌握幸運。

但反過來說，你不適合急性地追求成功，也沒有突然的好運降臨。換言之，對於任何事，你只能掌握「合乎自己身份」的幸運而已，即使在踏實努力後逐漸得到名譽、地位，也不可忘記持續以往的努力與踏實態度，如此才能受人尊敬。

在這裡必須提醒你一點，不管你獲得怎麼樣的成功，都不可驕傲於自己的成就，因為在

你驕傲之際，運勢便會在不知不覺中走下坡。

在你獲得地位、名譽之後，應該至少擁有一項工作、家庭以外的興趣，讓你活得更有價值。如此一來，即使到了晚年，社會地位、名譽離你遠去時，你還能確保心靈的充實。

●適合職業與財運

需要知識、社會意識的司法相關職業

你與生俱來就有高度社會意識，是踏實努力型。因此，最適合妳的職業是需要高度知識與努力的工作，例如律師、法官、檢察官等職業。這些工作之前的資格取得就不易，取得資格後仍然必須孜孜不倦地鑽研，並且必須具備對社會、人群有高度正義感。

除此之外，公務員也很適合你一板一眼、有條不紊的個性。若選擇私人企業，以有名有實者為佳，成功指日可待。

財運一生安定，但最重要的是腳踏實地努力儲蓄。如此一來，隨著社會地位、信用的提高，財運也會跟著往上爬。

生涯星在偏印

即使幸運到手也因無慾而放手……。不努力則運勢每況愈下

●整體人生

生涯星在『偏印星』的你，具有不論好壞波瀾均多的運勢。你的臨機應變能力佳，是聞一知十型，掌握機會的速度也快，但難得的幸運雖然到手，也會因為你缺乏意慾、討厭努力，而使好運擦肩而過，使你從幸運一落而為不幸。

而且你放手的幸運對你而言，也許只是微不足道的小幸運而已，但實際上對他人而言，確是死也不肯鬆手的大幸運。因此，你與其抓住幸運，倒不如努力維持幸運來得重要。

如果你不努力，依然隨隨便便地對待到手的幸運，則你的好運勢必將每況愈下，最後成為「這一生十幾歲時最意氣風發」的悲哀命運。

此外，因為頭腦好而造成的高傲態度，也是使運勢低下的原因。雖然你沒格外努力，但你的才能仍令人稱羨，這樣就夠了，老鷹就算不露出爪子，仍是小鳥們畏懼的老鷹，勿忘謙虛是美德。

●適合職業與財運

請選擇走在時代最尖端的行業

你總能快人一步掌握最新資訊，所以最適合的行業就是走在時代最前端、最引人矚目的工作，例如現在的氣象預報員、個人電腦軟體設計、未來具市場潛力的工作等等。

另外，你也適合從事文學、美術、音樂、工藝等與美感、想像力有關的工作。不妨向最新現代科技挑戰，憑著你過人的觸感，一定能在嶄新工作領域上大放異彩，使人生更充實。

財運不安定，暗示容易無計畫地散財、借錢，當你手上有錢時，馬上就花掉了。如果你不計畫儲蓄，則薪水再高也沒用。

生涯星在印綬

幸運、不幸交互造訪，綜合而言運勢平穩。與母親特別有緣

●整體人生

生涯星在『印綬星』的你，具有逐漸上升的運勢，但在大體而言呈上升弧度的運勢線中，會出現幾個上升下降特別明顯時期，除了這些時期之外，平常也是幸與不幸交互造訪的運勢。而你的幸與不幸持續時間均不長，就像颱風一樣呼嘯而過，颱風過後依然風平浪靜，所以你不必將它看得太嚴重。

當幸運造訪時，你的才能會受到好評，潛力能發揮到極限，很可能遇到貴人提拔、繼承遺產等情形，其中也有人會閃電結婚。相對於此，不幸造訪時，人際關係會出現齟齬，如果你求好心切，將喜怒過度表現在外表上，恐會招損。

另外，不論好或不好，妳和母親的緣份都很深，很可能因母親的一句話而和某人深交或斷交。如果母親所言確實還好，若是搬弄是非、無中生有的話，則妳應該確定立場、不被迷惑。

●適合職業與財運

在與學問相關的領域上獲得成功

你與生俱來好奇心旺盛、對研究熱心，具備在學問、藝術分野上成功的才能。因此，學者、研究者、教師、博物館員、圖書館員對你而言就像天職一般。在私人公司任職者，也能在研究、調查部門發揮才能，建議你考試取得特殊才能資格，則你一定可活躍於專門領域界內。醫師、翻譯、律師、會計師、精算師等被世人尊敬的工作，都能滿足你的求知慾。你幸運地能在興趣範圍內從事工作，並活躍於此道上。

財運也不錯，收入安定、金錢管理確實，只是有點小氣，不喜歡把錢花在別人身上。請你不要忘記，將錢花在與人交往、娛樂上，不但可豐富你的人生，也可使人際關係更平順。

第三章　從戀愛星、十二運星占卜宿命之戀與相性

☆從戀愛星得知最佳戀愛對象
☆從十二運星得知最佳戀愛時機
※相性一覽表的記號意義如下：
◎→非常好　○→好
△→普通　×→差

☆從戀愛星得知最佳戀愛對象

戀愛星在 比肩

●你的戀愛型式

喜歡就立刻行動，勇往直前、耀眼的愛

對於一見鍾情的對象，不論對方對自己印象如何，勇敢地向前挑戰、表達愛意，這就是你。當然，突然接近對方、不講究技巧，氣氛自然不佳，結果男性不但無法感受到你的情意，反而被你嚇跑了。

喜歡、討厭清清楚楚表現出來的你，對於不喜歡的男性，連看都懶得看一眼。你的主觀意識強，往往從第一印象判斷對方好壞，事實上，即使一開始印象不好，但交往後情投意合的例子也不少。

此星生的人如『比肩』之名，競爭對手愈多，愈能激發你的內在鬥志，因此，喜歡「高

山之花」男性的傾向顯著。你很可能被外表、地位迷惑，迷戀無實質內在的男性，請特別注意。

●戀愛與性相性

與胸襟大、具有包容力的他平穩相處。與直情直性的他身體關係良好

以『比肩星』為戀愛星的你，只要一眼喜歡他，就不看其他方面地往前衝，懦弱的男性不但不能體會你的好意，反而會嚇得逃之夭夭。最適合你的是欣賞、接受你那股衝勁的男性，也就是『食神星』的他。

『食神星』男性開朗、幽默，和他相處再久也不厭倦。雖然乍看之下不過如此而已，但隨著相處時間增長，你會愈來愈發現他內容豐富。

『偏財星』的他也富有彈性，能夠雙手迎接你突如其來的好意。他用情至深，與他相處一段時間後，你會發現兩人緊緊相繫。

『偏印星』的他是華麗的社交家，與妳的理想相近。『劫財星』的他看起來和自己很相近，但愈交往愈發現相性普通。

不建議你的戀愛、結婚對象是『偏官星』，但他卻是你最佳性伴侶，你們日常生活各有各的天地，但卻都是情熱充沛的人，因此性相性一流。

和他在一起能夠享受翻雲覆雨的性愛，但事後一陣大吵，倆人互道再見的組合，大多是這種類型。

『偏財星』花花公子的他，也能與你在床第間盡情享受，他的技巧能提升你的性慾。

『比肩星』、『劫財星』、『傷官星』不論戀愛相性好壞如何，至少他們都無法在性生活方面滿足你，稱不上好的性伴侶。

相性一覽表

他	比肩	劫財	食神	傷官	偏財	正財	偏官	正官	偏印	印綬
戀相性	△	○	◎	△	○	△	×	△	○	×
性相性	○	○	△	○	○	×	◎	×	△	△

戀愛星在劫財

想愛又不敢表達……。永遠是位「彆扭」的少女。

●妳的戀愛型式

坦白說，妳是個差勁的戀愛者，不論遇到多麼中意的對象，都不願率直地表達自己的愛意，往往讓大好機會擦肩而過。雖然妳內心燃燒熊熊火焰，但在他面前卻裝得若無事、一點都不在乎的樣子，妳像十幾歲少女的戀愛模式。這樣如何讓戀情發展呢？至少在喜歡的男性面前不要過度矜持，才能使戀情有所進展。

另外，成為關係相當穩定的異性朋友之後，也不可忘記兩人是在談戀愛，妳可以向他撒嬌，基本上妳是屬於盡力型，但卻不能要求對方同等回應，因為戀愛本就不能以得失為判斷基準。

除此之外，妳的嫉妒心、猜疑心也強人一倍。

●戀愛性與性相性

與玩樂高手的他愉快相處。點燃情勢之火的是『比肩』的男性

妳外表看起來柔和，但內在卻隱藏熊熊烈火，是表裡不一型。與性格乾脆、玩樂高手的『偏財星』最相配，而且『偏財星』的他慣於玩樂，在應付女性方面很有技巧，可說是妳的理想對象。

只不過，他是易熱易冷的花花公子型，所以如何抓住他的心很重要，而這就得靠妳自己努力了。

適合的對象還有『食神星』，與他相處再久也不會感覺厭倦。『比肩星』、『偏官星』的他，是妳可以依靠的對象，也許有時會產生反應，但卻是妳可託付終身的對象。

妳也很可能被『傷官星』的他所吸引，樸實的他能俘擄妳的心。

妳的外表平和，但內心卻隱藏情熱，而點燃情勢之火的就是『比肩星』的他。你們本來

相性就不錯，在性生活上更是融為一體，彼此相愛、互相了解，可說是天長地久的組合。

一開始有點勉強，相處後便互相吸引的是『偏官星』的他。

他「無論如何也要與妳交往看看」的熱情，終有一天讓妳感動。

服務精神旺盛、製造氣氛高手的『食神星』、『偏財星』的他，也是妳很好的性伴侶，妳會沈醉在他的甜蜜耳語中。

相性一覽表

他	比肩	劫財	食神	傷官	偏財	正財	偏官	正官	偏印	印綬
戀相性	○	△	○	○	◎	△	○	△	×	△
性相性	◎	△	○	△	○	△	○	×	△	△

戀愛星在食神

像花朵一般迷惑男人的心。但如果不慎選對象就沒有幸福的戀情。

●妳的戀愛型式

個性開朗、外向的妳，是社交人才，備受周圍矚目，不乏談戀愛的機會。在工作場所或友人團體中，妳的存在就像一朵花，旁邊圍繞一群男性，約會邀約始終不絕。「根本就沒這回事」，也許有人這麼說，但這只是因為圍繞在周圍的男性較少，或妳沒注意到自己的魅力而已。不論多麼迷人的鑽石，在尚未琢磨之前，一樣都只是一塊璞玉罷了，只是妳稍微在打扮、髮型方面費點心，妳必定與衆不同。

但並不是所有紅花綠葉都可配成一對、順利發展成戀愛，妳在選擇對象方面務必慎重，否則被他人認為花花女子可就划不來了。妳有重視對方外表的傾向，但外型好的男性不見得內在也好，單純以貌取人恐怕終會落得玩火自焚的下場。

●戀愛與性相性

能讓妳享受快樂時光的是待人接物合宜的社交型男性。能如妳所願愛妳的是『偏財』、『比肩』。

好奇心旺盛、社交型的妳，最適合因為社交型的男性。妳和『偏印星』的他能在富於機智的談話中，享受知性氣氛。只不過雙方均以享樂為目的，當一開始的新鮮度漸漸喪失時，問題就來了。該如何度過雙方低潮期是最重要的課題。

『劫財星』的他溫和敦厚，是一見面即有好印象型的對象，而且隨著交往時間增加，愈了解對方就愈心存好感。尤其年長者更會疼愛妳。

性格平穩、大方的『偏財星』、『食神星』的他，是能愉快相處的對象，不必刻意製造氣氛，就能保持最佳關係。

『印綬星』的教養與翩翩風度，很容易讓妳墜入情網。

基本上，在戀愛與性方面均可稱完美的是『偏財星』的他。時而溫柔、時而激烈的愛情，再加上技巧十足的性愛，配合度極高。

妳和『比肩星』的他性相性佳，在他熱情引導下，妳能享受歡樂性愛時光。

將性愛也當成重要交流方式之一的是『正財星』、『印綬星』的他。雖然感受不到熱情如火的旺盛威力，但溫柔度足以令妳心安。

幾度床第之樂後，一變而為情熱家的『劫財星』，也是相性不錯的對象。

相性一覽表

他	比肩	劫財	食神	傷官	偏財	正財	偏官	正官	偏印	印綬
戀相性	△	◎	○	△	○	×	△	△	◎	○
性相性	○	○	△	△	◎	○	△	△	×	○

戀愛星在傷官

以人性而不以外貌取人
始終保持微笑，但愛情表現緊張。

●妳的戀愛型式

事實上妳是個策略家，但關於戀愛方面，妳可就不會計算了。面對心儀的對象時，內心緊張萬分，很想將戀愛心情表現出來。

當然，妳對周圍之事毫不在意，妳自己也盡可能裝得什麼都不在乎的樣子，但妳對他的特別、熱情視線，任何人都一目瞭然。

因為妳本身很醒目，所以周圍人也都認為妳會被外表醒目的男性所吸引，不料，妳交往的對象都是毫不起眼的男性，跌破周圍人的眼鏡。事實上，妳並不是個重視外表的人，妳重視的是對方的性格、人品，而且會從談話中觀察對方。

向愛情挑戰也許不順利，但個性開朗的妳只要有機會就願意嘗試，往往因為這麼一次的交往，就意外地持續至天長地久。

●戀愛與性相性

莽撞、唐突但值得信賴型是最佳戀人。性伴侶以誠實的人最佳

自我顯示慾望過強，喜歡華麗、派頭的妳，不適合與自己同類型的人。因此，『傷官星』、『比肩星』與妳即使暫時互相吸引，終究會以破鏡收場。認真、樸實的男性才是妳最佳選擇。

其中相性最佳的是『劫財星』的他，乍看之下莽撞、唐突，對女性說話不客氣，但妳再也找不到像他這麼值得信賴的對象了。交往時間愈久，妳愈會被他的男性氣概所吸引。

『偏財星』的他是花花公子，但卻具有人情味，是不是會讓妳憎恨的戀愛對象。

『偏印星』或『印綬星』的他在戀愛方面是處於被動型，很適合愛說話、任性的妳。外表很會玩樂的妳，對性愛卻持傳統態度，喜歡傳說派男性。妳討厭由某一方主導，喜歡自由自主地享受性愛氣氛。技巧好壞姑且不論，讓妳感到誠實愛情的『正財星』男性最適

合妳。

妳與無言卻顯示熱情的『劫財性』男性相性也佳。但有時候希望被強迫的女人心，也真是不可思議，滿足此條件的男性是『偏官星』的他。

『傷官星』的他雖然無法與妳產生大火花，但卻深深了解妳的內心，讓妳深感安定。

相性一覽表

他	比肩	劫財	食神	傷官	偏財	正財	偏官	正官	偏印	印綬
戀相性	×	◎	△	×	○	△	△	△	○	○
性相性	△	○	△	○	×	◎	○	△	△	△

戀愛星在偏財

經歷數次愛神巡禮，有時會遇困境。但妳會成為像鑽石一樣光芒四射的人，不會受到愛情傷害。

●妳的戀愛型式

交際廣的偏財星女性，當然與異性交往機會也多，妳會經歷數次戀情，與多數男性留下一段情史，屬於花花女孩型。妳的戀愛技巧很好，有時是如天使般清純的少女，有時是如惡魔般的女人，妳的女性魅力很容易吸引男性的心。

妳的性格善變、易熱易冷，今天說全世界只愛他一人，明天又可以說他真是個無聊男子，這種善變的個性，往往使妳在感情路上遇到困境。如果想盡情享受戀愛之樂，就必須挑選合適對象。

像這樣歷經一次又一次的愛情，妳卻始終不被傷害，真是不可思議。而且在面對新戀情時，妳能放出更美的光芒，也許愛情就是妳的營養品吧！

●戀愛與性相性

不論在約會或床第之間均能使妳快樂的男性最佳！『食神』不論晝夜均屬最佳相性

對於活力充沛、遊樂高手、戀情豐富的妳而言，戀愛對象仍以社交型為最恰當。關於這一點，『食神星』的他是會話高手，約會演出也很棒，會帶領妳參加各種活動，讓妳享受多采多姿的約會生活。一見如故、愈交往愈彼此融合的對象，就是『食神星』的他。同為享樂派的『偏財星』對妳而言，也是戀愛好對象，但戀愛次數多卻是一大瑕疵。

你們很可能彼此在交往中又各自發展另一段戀情，重複分分合合的戀愛模式，最後可能雙雙變心冷卻而成最好朋友。

妳和『偏印星』的他很可能從興趣開始發展戀情，彼此以共同興趣相繫，維持長久情誼。

出乎意料之外，妳和『正官星』相性良好。妳很可能被他的樸素、堅實所吸引，這些是在享樂型男性身上找不到的優點。他像個成熟的大男人，能夠包容妳的一切，令人稱羨。

「戀愛與性均為人生大事」，對於重視戀愛與性的妳而言，最能在愛情中享受床第之樂的對象是『食神星』的他。有時熱情、有時迷糊地帶領妳往至高無比的幸福世界。當然，除了性以外，他仍是魅力十足的男性，不論晝夜均為最佳拍檔。

『偏印星』的他可以讓妳享受到經驗豐富的性技巧，不論談戀愛或性愛均為最佳對象。

充滿熱情的『比肩星』、『偏財星』、『偏官星』也是與妳相性好的性對象，可以讓妳享受驚險、緊張不安的性遊戲。

相性一覽表

他	比肩	劫財	食神	傷官	偏財	正財	偏官	正官	偏印	印綬
戀相性	△	△	◎	△	○	×	△	○	○	△
性相性	○	△	◎	○	○	×	○	△	◎	△

戀愛星在正財

一旦愛上了，就一直無法忘記他……。雖然外表沈靜，卻是深刻的戀情。

●妳的戀愛型式

妳是所謂的沈著型，不會自己主動引起對方注意，而是仔細觀察每個對象，深思熟慮後才決定自己喜歡誰，而且不是單純的迷戀，卻是真正打從心底喜歡。但即使妳如此喜歡對方，也不會向對方坦白，因為妳還在猶疑對方會有什麼反應。當然，以單相思為多，往往心底暗戀某位男性，持續好幾年。

但也並非沒有男性體會妳的好意，畢竟喜歡像妳這種謹慎態度的男性也不少，只不過戀愛機率並不高，往往妳的好意只能埋在自己心底。

而兩人一旦成為關係穩定的異性朋友之後，妳仍堅持保持距離的信條，使得男性以為妳有意疏遠，因而毀掉了一段難得的戀情。奉勸妳偶而也坦率地表現自己、向他撒撒嬌，感情進展將更順利。

●戀愛與性相性

與自信家或認真的男性可以安心。能夠引導妳的『劫財』是最佳性伴侶。

人格高尚、態度謹慎的妳，並不適合花花公子型男性。有時妳也會憧憬社交型男性，但交往後妳便會對他的遊戲人間感到難以苟同。對於這種個性的妳而言，充滿活力與自信的『偏官星』男性是妳最佳戀愛對象，他會在妳感覺可靠的狀況下一步步地引導妳。

妳與同樣是溫厚派的『正官星』相性也不錯。妳與認真、率直的他可以堅定地交往，雖然在約會時無法期待多采多姿、五光十色的戀愛性生活，但妳確可以不必擔心他變心地與之交往。

『食神星』男性也是妳可以選擇的戀人，善於會話，在藝術方面造詣頗深的他，會使妳與之相處再久也不厭倦，在兩人交往中，妳也會被薰陶成洗練的成熟女性。只不過社交型的他會令妳焦躁不安。

對於誠實、認真的妳而言，單純享受性愛是最難耐的事情，妳也不喜歡被強迫。

但保守的妳仍希望對方適度引導，而滿足此條件的正是『劫財星』男性。在他適度帶領下，妳可以在享受性愛之餘又無不安的顧慮。

與妳戀愛毫無相性可能的『傷官星』，出乎意料地卻與妳擁有良好的性相性，雖然對方看起來花心，但與之交往後，妳會發現他是誠實的人，可能萌生戀愛之心。

因雙方均屬謹慎、內向型，從認識到開始交往需要耗費一段時間的是『正財星』、『正官星』，但你們的性相性很不錯。

相性一覽表

他	戀相性	性相性
比肩	△	×
劫財	△	◎
食神	○	△
傷官	×	○
偏財	△	×
正財	△	○
偏官	◎	△
正官	○	○
偏印	△	△
印綬	△	△

戀愛星在 偏官

大膽、強而有力的戀愛。也可能因為太積極而使對方嚇跑了……

●妳的戀愛型式

受到誘惑容易燃起熱情的性格，戀愛心情清楚表現於外。如果遇到自己喜歡的人，則不論對方對自己印象如何，或對方有沒有其他知心女友，妳都會積極表現自己的心意。結果當然無法擄獲對方的心，除了非常膽小的男性喜歡強而有力的女性外，想得到戀愛成就並不容易。妳最好還是講求戀愛技巧，有時採取進二步退一步的作法，配合對方步調最重要。

與妳相性佳的是與自己一樣，對事物有迅速決斷力的男性。你們很可能因大吵而相識，然後妳立即被他的魅力所吸引。另外，妳很會照顧弱小，所以很可能一開始只是單純基於同情對方的心，久而久之，對方男性也接受妳的好意，最後發展成戀情。

●戀愛與性相性

性格強，能量充足的他對妳並不夠。

與『傷官』最能享受床第之樂

妳是位強而有力的自信家，與和妳一樣個性強烈的男性並不合適，尤其是自我顯示慾強的『傷官星』最不合適。但柔弱、缺乏男子氣概的男性對妳而言又有點不足，在這種情況之下，內強外柔的『劫財星』男性正是妳理想的對手。在重要時刻，他能配合血氣旺盛的妳，為妳下正確判斷。

妳和『偏官星』的他很容易一見鍾情，也許你們的熊熊烈火維持不長久，可是卻能體會到熾熱愛情、如夢般的感受。

令人意外地，妳和『正財星』的他相性也不錯。不論從哪一方面看，樸素的他都與妳格格不入，但妳卻被他內心魅力所吸引，並在交往過程中，親身感受到他的好，只要墜入情網，他一定不會變心。

只要遇到中意對象，立即燃燒慾火的妳，從交往至性愛的時間很短，這是妳的一大特徵。這種性伴侶最佳搭檔是『傷官星』的他。

妳和自信、充滿行動力的他，一定能在床第間享受翻雲覆雨的性樂趣，但實際交往後，由於二人均血氣方剛，互不相讓、爭吵不斷，即使性生活圓滿也很難挽回破碎的感情。

這種晝夜相性不一的現象，實在是此組合的最大缺點。

從享受性樂趣這層意義來看，『食神星』和『偏財星』的他也是妳的床第好伴侶，他們都是經驗豐富的男性，在他們純熟的性愛技巧中，妳一定可以享受到如沐春風的快樂。

妳和『偏官星』的他性相性也不錯。

相性一覽表

他	比肩	劫財	食神	傷官	偏財	正財	偏官	正官	偏印	印綬
戀相性	△	◎	△	×	△	○	○	△	△	△
性相性	△	△	○	◎	○	△	○	△	×	△

戀愛星在正官

對戀愛存有過多夢想，不太注意到身邊的愛。
但一旦交往後便很重視。

●妳的戀愛型式

妳對愛情、婚姻的憧憬程度甚於其他女性，嚮往浪漫、純純的愛。因此在現實中，絕對稱不上是戀愛高手，即使遇到意中人，與其大大方方交往，寧願與他談個像夢幻般的愛情故事。

對妳抱持好意的男性出乎意外地多，那不僅是一場夢，如果妳願意，那可以是一場真真實實的戀情。

有時候不妨提起勇氣向中意的對象表明心情，妳一定能得到對方歡喜的回應。

一旦妳愛上一個人，便會好好珍惜這份愛，不會說變心就變心。但由於妳不切實際的性格，往往容易將對方理想化，這是一大缺點。希望妳了解愛就是包容對方的缺點，這才是真實的愛。

●戀愛與性相性

與成熟的「大人」可以培育踏實愛情。性愛方面也與穩重對象最適合。

對於溫柔、內向的妳而言，視戀愛為遊戲的花花公子型男性並不適合，即使一時被他吸引，也往往會帶來傷害。誠實、樸質的『正財星』男性最適合妳，妳和穩重、踏實的他一定可以培育動人的愛情。只不過他在戀愛方面也是生手，所以就算彼此懷有好意，從認識到交往也得費上一段長時間。

妳對知性的『印綬星』男性也有好感，他能讓妳安心地託付感情。從相處快樂程度而言，『食神星』的他與妳最合適，與他聊天令妳覺得有收穫，他也會帶領妳在休閒、運動領域上更上一層樓，甚至讓妳經歷驚心動魄的旅遊，實現妳浪漫的理想。

內向的妳，在性方面也追求浪漫的誠實，很討厭被強迫的性遊戲。

能夠使妳感受到平穩性樂趣的是『正官星』，雖然熱情有點不足，但誠實的他讓妳感受到其他男性比不上的安全感。

『正財星』的他，也是細膩表示愛情型的男性，平常的溫柔親切在床第間更表現無遺，使妳深深體會出他成熟的包容力與安全感。

『印綬星』的他與妳相性也佳，總是配合妳的步調前進，有一顆溫柔體貼的心。

相性一覽表

他	比肩	劫財	食神	傷官	偏財	正財	偏官	正官	偏印	印綬
戀相性	△	△	○	△	△	◎	△	△	×	○
性相性	△	△	△	△	△	○	×	◎	△	○

戀愛星在偏印

外向、社交性的性格，使你感覺談戀愛很麻煩。重複著自然消滅的戀情……。

●你的戀愛型式

外向、具社交性，但出乎意料之外，你的戀情卻都維持不長久。因為即使對於意中人，你也不會完全奉獻心力地與之交往，你另有一片自己的天空。

你的高傲，不允許你主動為對方做些什麼，雙方約過幾次會後，如果對方不主動聯絡，你也絕不會主動邀約，戀愛需要的是互相交流，假使做不到這一點，戀愛要堅持到底也很難。有些人甚至覺得戀愛本身就很麻煩。

既然如此，你當然不太受歡迎，但有些人卻認為自己長相還不錯，為什麼會不受歡迎呢？這是你弄不清原因之故。只要你能多體貼對方，則戀愛成功率一定很高，但在選擇對象時，注意理想不要太高了，你看不起別人，別人也會看不起你。

●戀愛與性相性

機智、教養好的人是理想對象。性技巧完美、溫柔的男性令妳享受性愉快

對於外向、社交型的妳而言，和粗野的男性在一起很累；穩重型、有教養的男性最適合妳。第一候補者可以說是『印綬星』的他，具知性、冷淡的反面，講求男女平等的他是妳理想對象，他可能會手捧鮮花、美酒造訪妳家，與妳享受美麗的假日午後。他在音樂、繪畫、戲劇等藝術方面的知識，與智慧性談吐，在在都讓妳傾心、令妳難以抗拒。

同樣是社交型的『食神星』、『偏印星』男性與妳相性也不錯，但『偏印星』的妳和他很可能因雙方都覺得談戀愛很麻煩，因此自然失去聯絡，只要其中一方努力一點，應該可以長久交往下去。花花公子型的『偏財星』男性也是談戀愛不錯的對象，他很會製造約會氣氛，應該能夠捉住妳的心。

在性愛方面，講究細膩愛情的妳，最期盼體貼的男性，粗魯的男性讓妳打從心底討厭，因此，妳的性伴侶在床第間必須有雙倍的溫柔。

對妳而言，最佳性伴侶是『偏財星』的他。雖然花花公子型對妳而言是個瑕疵，但床第間講求男女平等的他，能讓妳得到最高享受。

看起來有點霸道，但卻有樸質一面的『傷官星』男性，與妳相性也不錯，他很能配合當時心情製造適當的氣氛。

妳和『偏印星』、『印綬星』的他，在性愛方面有點生硬，卻能享受知性性樂趣。

相性一覽表

他	比肩	劫財	食神	傷官	偏財	正財	偏官	正官	偏印	印綬
戀相性	△	△	○	×	○	△	△	△	○	◎
性相性	△	○	△	○	◎	×	○	△	○	○

戀愛星在印綬

周圍投予憧憬的眼神，但妳在戀愛方面卻是被動的。自己不會主動表示的冷漠型。

●妳的戀愛型式

此星出生的女性，特徵是聰明溫柔，而且多半為美女。妳的美麗不僅是單純的漂亮，還具有大家閨秀的氣質，所以仰慕妳的男性不少。妳對於愛情處於被動地位，自己不會積極追求，而且在選擇對象時非常嚴謹，在尚未清楚判斷對方是怎麼樣的人之前，絕不輕易敞開心扉，因此，妳不可能和男性一見鍾情。

即使和男朋友關係穩定後，妳的高傲自尊心仍不允許妳委婉相向，因此，對方男性往往覺得妳過於冷漠、缺少人情味。

只不過華麗的異性關係會使印綬星女性運氣低落，維持平穩關係最重要。

●戀愛與性相性

對方不積極追求就無法展開戀情。霸氣的『比肩』是最佳性伴侶。

大家閨秀小姐型的妳，與內向型男性不相稱，最好是積極、主動進攻型男性才是理想伴侶。『傷官星』的他自我表現慾強，與他第一次見面，妳就被他吸引住，而且對他的霸氣進攻，妳不但不覺討厭，還覺得他的挑戰心魅力無窮。

在柔和的氣氛中，使妳感到內在威力的『劫財星』男性，與妳相性也不錯，尤其如果他年紀大一些，則更讓妳感受到男性包容的魅力。

帶給妳知性好印象的是『偏印星』男性，妳和他在興趣方面有不少共通點，能在友人延長線上平心靜氣地和睦相處。

與時髦遊樂高手、性格開朗的『食神星』在一起，妳將有許多意外驚喜。

基本上對於戀愛處於被動角色的妳，最好找強悍型的性伴侶。平常交往中太過強悍而讓妳討厭的『比肩星』男性，一旦上了床，就是妳可以依賴的對象了，即使因知性干擾而無法陶醉在幸福性愛中的妳，也會在他的攻擊下身心俱醉。只不過在床上是最佳伴侶的他，一走出房間就只看見其霸道、一意孤行的一面。

能讓妳放鬆身心享受性愛的是『食神星』及『偏財星』的男性，妳剛開始一點都不在意，往往在他的甜言蜜話中漸入佳境。

妳和同樣為『印綬星』的他相性亦佳。

相性一覽表

他	比肩	劫財	食神	傷官	偏財	正財	偏官	正官	偏印	印綬
戀相性	×	○	○	◎	△	△	△	△	○	△
性相性	◎	△	○	△	○	×	△	△	△	○

從十二運星得知最佳戀愛時機

從顯示誕生時運動的十二運星，即可得知與命中註定對象相遇時機，以及婚姻型式。

請看第一章中所求出的十二運星。

十二運星在 胎

◇見面

見面機會集中於就職、轉職、參加新社團等改變新環境時。見面場所也必然是在與工作、學校有關的場所。季節以春、秋為幸運。

◇概況

經過一段時間交往後，論及婚嫁的可能性高。重要轉捩點應該是見面三年後，三年後就可確定是不是能和他結婚。二十五歲、二十九歲結婚可能性高。

◇注意

家人、朋友出現反對聲音時，往往是一大危機。當命相師說你們「八字不合」時，你會在要與不要的十字路口猶豫徬徨。危險時期在訂婚與結婚之間。

十二運星在　養

◇見面

不知哪一位男性比較好，這種男性同時出現時，就是見面的機會。只出現一位發展至戀情的可能性也高。見面場合多為公司團體旅行之類多人行動場合。季節為初夏與初秋。

◇概況

在他求婚之前，妳隻字不提結婚之事。但大約交往三個月之後，妳的心意應該已決。通常他在一年內會向妳求婚。二十三歲、二十七歲、三十一歲結婚機會大。

◇注意

小心以前戀人或妳曾單戀的對象再出現，點燃原本已經熄滅的愛情之火，當舊情復燃時，妳可能會背叛他，訂婚後半年內最危險。

十二運星在 長 生

◇見面

在公司下班、學校下課時，或團體旅行等衆人同樂的場合上，一定有男性猛烈地追求妳吧！季節以春末及秋季最多。

◇概況

可能立刻結婚，也可能意外地拖上三、四年才結婚。失去聯絡後再相遇的場合，很可能三個月就閃電結婚。二十六歲、二十八歲、三十二歲可能性最高。

◇注意

即使有男朋友，妳仍是很受歡迎的女性。在與異性相處的嬉戲態度很危險，還可能有他以外的男性追求妳，千萬別大意。

十二運星在 沐 浴

◇見面

見面時就陷入熱戀的情形很多。見面場合集中在星期五以後的假日、休閒、運動場所，很可能是友人的友人。季節不拘，全部有可能。

◇概況

交往時間比較短，多半一年至一年半即有結論。半數以上為女性主導型佳偶，所以妳主動提出結婚要求的可能性很高。二十一歲、二十四歲、二十九歲時結婚最幸福。

◇注意

即使在結婚當天，危機仍未消除，也許花心的妳受不了被一個男人綁住。也可能在無意中了解他的壞習慣，使愛情出現雜音。

十二運星在冠帶

◇見面

當妳心裡想談戀愛或想結婚時，就是見面的好時機。一旦這種心情出現，不論何處均有機會，相親也不錯。容易開花結果的季節是夏季與冬季。

◇概況

有人交往三個月後就閃電結婚，也有人交往了十年才踏上紅毯另一端。總而言之，妳想結婚時就是最佳時機。因此，由妳提出求婚是理所當然的。幸運年齡是二十四歲、二十八歲、三十三歲。

◇注意

對他的失望與不滿一點一滴累積，總有一天會爆發。尤其你們對於有關結婚具體事項，如宴客、新居等對立意見多時要特別注意。妳會不斷地問自己，真的要他當妳的丈夫嗎？

十二運星在建祿

◇見面

從身邊人際關係開始發展，可能是公司同事、學校同學、朋友的朋友、親戚介紹等等。幸運季節是暑假及寒假。

◇概況

大家一起交往時沒什麼進展，等兩人單獨約會後，大約一、二年會出現結果。但如果男性比較內向，可能需要五年以上。二十五歲、三十歲是大好時機。

◇注意

因結婚而感到遠離家人、友人時，你可能會衝動地放棄婚姻。另外，彼此距離太遠、訂婚超過一年的場合，悲劇收場的機率也不小。

十二運星在　帝旺

◇見面

尊敬對象、競爭對象等對妳產生影響、刺激的男性出現時，妳就有可能結婚。妳們在工作、興趣場合見面的情形占壓倒性多數。季節以秋季、初冬為多。

◇概況

有結婚意識後一年左右訂婚的佳偶很多。幸運結婚年齡是二十九歲、三十三歲。但可能因為兩人是對等關係，所以不採取任何結婚儀式。

◇注意

當他視妳為他的所有物時，也許妳的愛情便急速冷卻。例如他說：「妳成為我的妻子之後……。」時，妳會有如大夢初醒般。在結婚典禮進入倒數讀秒階段時尤其危險。

十二運星在　衰

◇**見面**

學生時代初識的可能性高。即使是踏進社會後才認識，也一定有同校、和友人同校、學生時代同社團等共通點。幸運季節為春季及暑假。

◇**概況**

幾乎所有人都是經過長期交往後才結婚，大致交往三至五年。也有人經過長期交往，在雙親催促下才注意到結婚大事。二十六歲、二十九歲是最佳時機。

◇**注意**

物理距離招來危機。他赴他鄉工作、出國考察、入院等分離時間愈長，物理距離愈會轉變成心理距離，到婚前一個月都得注意。

十二運星在 病

◇見面

興趣、休閒場合見面，大多是在學習才藝、語言、運動中培育愛苗，也可能經由具有共同興趣的友人介紹而認識。幸運季節從春季至秋季。

◇概況

從交往至兩人均有結婚意識，時間並不長，但至具體訂婚、結婚，恐怕得花上二、三年。二十四歲、二十七歲、三十歲是最高結婚機會。

◇注意

衝動爭吵導致別離的可能性大，因無謂小事而放棄婚約的佳偶也不少。另外，某一方猜忌也是離別原因。婚前半年至三個月為最高危險期。

十二運星在 死

◇**見面**

多半在很正式的場合相識，如公司研習會、資格取得進修班等勤學場合，另外也可能在下班後情投意合，或學生時代在教室內相識。季節以秋至冬最有希望。

◇**概況**

半年至一年應該會論及婚嫁。只要家長許可，馬上就進入結婚禮堂，但如果家長認為「還早」則得等二、三年。二十七歲、三十一歲為幸運時機。

◇**注意**

即使兩人談到結婚相關事項，但在取得雙親承諾之前都是危險期，妳往往沒有足夠能力克服家人、友人反對聲音。另外，他過去的情史也是障礙。

十二運星在　墓

◇**見面**

某一方失戀後即為初識良機，失意的妳很可能被他溫柔親切的魅力所吸引。相識場合多半是身邊親朋好友人際關係所衍生。季節從秋季至冬季。

◇概況

彼此雖有結婚意願，但卻都開不了口，至少得經過三年才有具體婚約。最幸運年齡是二十八歲、三十三歲。

◇注意

訂婚後，最怕妳又另外遇到意中人，那位男性可能是妳命中註定的對象，但大多為幻想產物，對於結婚的不安造成幻想產生。

十二運星在 絕

◇見面

搬家、旅行、換工作等變化出現時帶來初識良機，尤其是與曾有一面之緣的男性再相見後，即可進入正式交往。晚夏及冬末春初是最佳季節。

◇概況

幾乎都是突然就談到結婚話題，快則二、三週，慢則九、十個月，最佳時機為二十二歲、三十一歲時。

◇注意

妳可能因其他男性的謙恭有禮而轉移目光，如果他是誠實木訥的人，那妳更得小心甜言蜜語的外在誘惑。危險期為結婚典禮後三個月前後。

第四章
從命運星占卜
結婚運

☆請利用第一章所求出的命運星占卜
※相性一覽表的記號意義如下：
◎→非常好　　○→好
△→普通　　　×→差

命運星在比肩

理想的結婚對象

能使妳心安的對象最好

能接受妳強烈自我的男性——這是比肩星女性的最佳伴侶。由於妳是位不服輸的野心家，在外意氣風發、雄心萬丈，回家後當然需要一位讓妳不必操心的丈夫，妳才能喘口氣。

妳的工作指向強，所以贊成妳在外活躍的丈夫也是必要條件，關於這一點，妳可別輕易放棄的好機會。

妳在處理事物方面有急性的傾向，但談論到婚嫁之事時，希望妳得愼重選擇。

妳的個性很強，有使他崩潰的危險。妳自己不願服輸，但注意不可過於要求丈夫一定得成功。

結婚相性佳的男性

樂天的『食神』、社交型『偏印』

能夠接受妳不服輸個性的是樂天派『食神星』男性。由於生性樂觀，所以對什麼事都想得開，和她在一起，妳不必虛張聲勢，可以自在地表現出原來的自己。

『偏印星』男性也是結婚好對象，和知性型善社交的他在一起，妳能得到最適切的忠告。

想尋求互相提升境界的結婚對象時，『比肩星』及『劫財星』男性也是最佳選擇。但由於兩人個性相似，缺點也一樣。大吵後能不計前嫌再度復合。

認真、踏實的『正財星』也是好侶伴，腳踏實地的處事態度，是妳最需要學習的部分，而且妳本來也是屬於認真努力型，所以彼此應可互相了解。只不過他比較內斂，恐怕得多花些時間才決定結婚。

相性一覽表

他	比肩	劫財	食神	傷官	偏財	正財	偏官	正官	偏印	印綬
結婚相性	○	○	◎	△	△	○	△	△	◎	×

妳的婚姻生活

與獨立的男性不互相束縛，自由過日子

各自擁有自己的工作、重視自己的生命意義一起生活著，這就是妳的婚姻生活。彼此尊重對方的生活方式、工作性質，即使各自忙於自己的工作、交際，家庭生活也不會出現不滿的聲音。

當然，丈夫也屬於會理家型，所以妳出差時不必擔心家務。

雖然妳婚後仍像婚前一樣熱中於工作、興趣，但卻不會造成婚後家庭生活的障礙，而這也是愛妳的丈夫讓妳產生精神餘裕。

不特別希望擁有小孩的頂客族好像不少，其中也有在事業達到某一階段後才生小孩的夫妻。由於年齡不小了，所以丈夫會很高興，而母親在心態上也更加成熟，可以更冷靜地撫育寶寶。

但妳要小心丈夫吃醋的場合，如果男性工作伙伴引起丈夫的猜忌，妳就無法專心於工作了。

☆結婚明與暗★

不因結婚而改變自己的生活型態，是此型最大優點，對於想在事業上衝刺的妳而言，這可說是最佳婚姻。但妳沒辦法在丈夫面前做到真正像個妻子的女人也是事實，身為妳的丈夫，一生都無法嘗到帶著妻子親手做的飯盒上班的幸福滋味。

因此，逐漸地，丈夫可能渴望家庭溫暖，愛上其他家庭傾向的女性。

對於獨立心強的妳而言，妳重視的不是結婚形式，而是愛情結合，但婚後妳卻缺乏讓他感覺到妳女性魅力的努力。

命運星在 劫 財

理想的結婚對象

樂天派或努力型能令妳安心

對於婚姻有著強烈憧憬的是『劫財星』女孩。妳不是想受家庭限制型，但卻憧憬婚姻生活，妳對戀愛不在行，但卻對選擇伴侶很熱衷。

成為妳人生伴侶的最佳男性，是樂天派男性，或認真努力型男性。

開朗、樂天型的男孩，對於不善坦率表現自己的妳而言，是值得託付終身的對象。

認真努力型男性也是値得信賴的伴侶，妳不用擔心他在外花心，可以安心地投入工作。

結婚相性佳的男性

開朗、有趣的『食神』、『偏財』

『食神星』的他和『偏財星』的他，都是個性開朗、坦率的男性，對於乍看穩重，但實際卻不善與人交往的妳來說，他們的開朗能讓妳感到安心。

原來『食神星』、『偏財星』男性就是玩樂高手，可以讓妳享受充滿變化的婚姻生活，和他在一起再久也不覺得厭倦，但缺點是，他們大多為花花公子型，妳必須一直維持妳在他心裡的魅力，因為妳不可能要求他在婚後收心。

如果妳期待最安定、平穩的婚姻生活，那正財星和正官星男性就是最佳選擇。他腳踏實地的觀念、思想，可說正是家庭基盤。

只不過他不像妳是獨立心旺盛型，過於樸實，有時會覺得缺乏生活興趣。

相性一覽表

他／結婚相性	比肩	劫財	食神	傷官	偏財	正財	偏官	正官	偏印	印綬
結婚相性	○	×	◎	△	◎	○	△	○	△	△

妳的婚姻生活

結婚是心靈安定劑。
以共同的興趣、話題創造新鮮婚姻生活

不希望婚後生活發生大變化，也希望婚後繼續工作的妳，與其說結婚帶來經濟安定，倒不如說結婚帶來精神安定。

平常各忙各的工作、交際，偶爾一起度過的時光可說讓雙方完全放鬆，享受幸福時光。妳和丈夫的興趣、思想很類似，所以共通話題多，再怎麼相處也不厭倦，一起看電影、錄影帶、討論劇情，假日一起打高爾夫球，多愜意的生活啊！

即使有了寶寶後，你們也會請雙親代為照顧，二人偷得浮生半日閒，出外踏青、上餐廳享受悠閒氣氛等等，愉快的生活方式。

當有問題發生時，妳會先和先生商量，和丈夫一起尋求解決之道，這就是妳的婚姻型式。

只不過如果丈夫收入比妳少，則他會出現自卑心，或在其他方面表現出要求滿足男人自尊的態度，所以妳最好挑選具經濟實力的男性。

☆結婚明與暗★

平常生活方式有差異，反而為彼此帶來新鮮感，這是結婚優點，即使結婚多年，你們依然是人人稱羨的佳偶，但妳不可忘記努力吸引他的視線。就是丈夫晚歸，妳也絕不可一副邋遢像迎接他。

另外，婚姻是彼此信任的最大證據，但還是得靠平常多聊天溝通維繫感情，也就是婚後仍得繼續談戀愛。

命運星在 食神

理想的結婚對象

有錢有勢、精神成熟的大男人

戀愛機會多、嫁入富豪不是夢的人是『食神星』女性。但即使在經濟上享受錦衣玉食，如果丈夫無法依靠，也稱不上是幸福婚姻。

妳最好選擇能夠領導妳的成熟型男性為終身伴侶。

在結婚之後，妳仍希望享受充滿樂趣的人生，但光是有錢享受、玩樂，而缺乏人生智慧的男性，基本上不適合妳。

妳是操縱丈夫高手，具有掌握天下的素質，因此在家裡不用多說些什麼，男性就能將該做的事都做好，這種男性是妳最佳選擇。最終是否能嫁給一位值得依靠的丈夫，就看妳怎麼選了。

結婚相性佳的男性

努力、成功有望的『正財』是最佳對象

家庭由妳負責，他在外面努力打拼的『正財星』，可說是妳最佳結婚伴侶。期待錦衣玉食的妳，也許最初有點不服，但他未來成功可待，妳相信他準沒錯。但由於他比較節儉，可能在供給興趣多、交遊廣的妳開銷方面比較辛苦。

關於這一點，『印綬星』男性可說是最佳結婚對象，但妳必須和他有共同興趣才行。

值得依靠的男性還有『劫財星』與『偏財星』男性。選擇在需要時隨時可以依靠的『劫財星』，或會照顧妳的『偏財星』，都很適合妳。

誠實人品的『正官星』男性，雖然缺少一點風趣，但卻是信賴度極高的伴侶。

相性一覽表

他	比肩	劫財	食神	傷官	偏財	正財	偏官	正官	偏印	印綬
結婚相性	△	○	△	△	○	◎	△	○	×	○

妳的婚姻生活

在朋友延長線上維持坦率的夫妻關係。以小孩為中心的快樂家族

妳和這位男性多半是交往時感情進展平順，或交往達到某種程度才走進禮堂類型，最好的情況是從好朋友進展至戀人階段，然後才決定結婚的傳統型。

婚後不論妳是繼續上班，或在家專心家務，不久之後，生活中心都會移轉至小孩身上，而且妳本身生子育兒觀念也很強。

和另一半經過長期交往後才結婚，彼此深刻了解，所以即使有什麼爭吵，也不會演變成大事件。

日常生活以妳的意見為中心，自然地妳也成為家庭營運支配者。丈夫喜歡小孩子最好，心向外的野心型男性或花心型男性、不顧家男性都不適合妳。

與丈夫、小孩一起享受天倫之樂，就是妳的婚姻生活型式。休假日，一家大小至郊外踏青、逛百貨公司、上餐館享受美食等等，和樂融融。

☆結婚明與暗★

平凡、溫馨、充滿笑聲、如圖畫一般的結婚生活。雖然平凡得沒有起伏，但這可稱為一般婚姻類型中至高無上的幸福。

只不過從事業戰場上退下來的妳，一旦遇到積極活躍於工作舞台上的朋友時，很可能會反問自己，我的人生就只有丈夫和小孩嗎？雖然幸福，卻存有一絲不滿足。

命運星在 傷官

理想的結婚對象

了解、接受妳個性的人

個性派、喜歡華麗派頭的妳，可能是男性畏懼的結婚對象，因此妳和那種認為與女性交往＝結婚的傳統型男性無緣。但妳本來的結婚運就不錯，婚後請自我約束，安分渡過家庭生活。

與妳匹配的伴侶是，充分了解妳，又能接受妳這種個性的男性。如果妳遇到一位了解妳也有靦覥的一面的男性，那就是他了。

至於他屬於哪一型，不是充滿霸氣，也不是毫無骨氣，雖然有點偏差，但了解妳最重要。具有社交性格的外向男性，可與妳共享富於變化的婚姻生活。

結婚相性佳的男性

充滿活力卻意外地是個性情中人的『偏財』

與妳相性最佳的終身伴侶是『偏財星』的他。活力充沛，不論工作、玩樂均一把罩的他，出乎意料地也是個善解人意、人情味濃的男性，連妳的內在面都能透視。

一開始也許令人擔心，這麼外向的兩個人「能夠在一起嗎？」但跌破專家眼鏡，你們不但能相處和睦，而且可以天長地久。值得擔心的是他很有女人緣，光是這一點恐怕就很令人頭痛了。

『劫財星』的他，內心擁有堅強信念，正是妳所喜歡的類型，他具有雙重人格傾向，但妳也是表裡不一型，所以彼此能互相了解，是漸入佳境型伴侶。

『偏印星』的他具知性，這部分很能引起妳的共鳴，對流行敏感、共同話題、共同興趣多，可組成快樂婚姻生活。

相性一覽表

他	比肩	劫財	食神	傷官	偏財	正財	偏官	正官	偏印	印綬
結婚相性	△	○	△	×	◎	△	△	△	○	△

妳引導丈夫、二代同居的明朗快樂家庭

基本上妳希望隨心所欲的婚姻生活，即使加班、和朋友聊天晚歸，也不必擔心丈夫回家吃不到晚餐，這是妳理想中的婚姻生活，因此，妳應該會選擇能夠和妳的父母一起居住的男性。

在這種情況下，當妳的丈夫多半具有體貼心，會注意孩子小細節等瑣事，形成由妳主導的家庭。也許他有懦弱的一面，妳無法期待他飛黃騰達，但他對妳的父母非常孝順，這點讓妳很滿足。

妳應該至少有二個小孩，由雙親協助養育小孩之事，也許有人想再多生一個。

雖然平凡，但卻是開朗、快樂的婚姻生活。和父母同住不必擔心居家問題，而且可以彼此照應、減輕金錢負擔。

☆結婚明與暗★

最近增加與妻子的雙親同居類型，是免除婆媳、姑嫂問題的最大優點，將自古以來女性最大困擾一掃而光，再也看不見妻子委屈的樣子，而且可以當個永遠被疼愛的女兒。然而，如何使丈夫與自己的父母氣氛融洽，就是妳該花心思的地方了。

平常沒事時什麼都好，一旦發生爭執，則可能陷於最壞狀況，甚至須防有人背後批評「丈夫真沒用、住在娘家」。

另外，將小孩教育完全交給外祖父母，也並非上策。

命運星在偏財

理想的結婚對象

與自己相似、開朗外向男性最佳

開朗、外向、交際廣、戀愛機會多的是偏財星女性。但妳認為談戀愛和結婚完全是兩回事，選丈夫堅持認真、踏實的樸實男性。

但太樸實的男性並非妳的最佳伴侶，怎麼說呢？一開始你們也許能和平相處，但由於性格差異，漸漸個別行動多，最後導致分離的局面並非空想。工作取向的妳也許對他的沈靜、少言感到滿足，但卻往往忽略了他對妳的不滿。

還是和妳一樣開朗外向的男性比較適合妳，雖然雙方摩擦多，但從長遠來看，卻是最佳伴侶。

結婚相性佳的男性

戀愛、性相性均佳的社交型『食神』

相性最佳的結婚對象是『食神星』的他。妳與社交型開朗性格的他有很多共通點，不用多言就能互相了解，是最佳組合。不論戀愛或性愛，都是相性最高的一對，這麼好的相性對象實在難得。但你們都很有人緣，所以得經一番迂迴曲折才能踏上紅毯。

乍看之下平穩，但內在威力無窮的『劫財星』男性，也是妳喜歡的對象，雖然不善與人交往、不懂得表現自己，卻充滿另一種魅力。

外表意氣風發、在妳面前卻像小孩一樣需要妳照顧、向妳撒嬌的他，能讓妳感覺到身為大姊姊的幸福。

同樣具有樸實面的『傷官星』男性也是妳的好伴侶。

另外，血氣方剛、自信心十足的『偏官星』男性，意外地很好相處、值得依靠。

相性一覽表

他	比肩	劫財	食神	傷官	偏財	正財	偏官	正官	偏印	印綬
結婚相性	×	○	◎	○	△	△	○	△	△	△

凡事均能互相商量、共同築起家庭生活

妳的婚姻生活基本上和丈夫維持平等關係，因此妳和有相同價值觀的男性結婚，一定可以過著快樂、美滿的家庭生活。

對等的二個人，不論大小事都經過彼此商量後才決定，雙方共同分擔家事，絕不會有誰主內、誰主外的情形出現。

你們戀愛的過程多半是從學生時代的同學關係，或工作上的同事關係開始自然交往，最後踏上結婚之途，絕不是一開始即存有結婚意識的交往。丈夫與妳同業或相關職業最好，如此則他也能十分了解妳的工作、立場。

你們可能不生小孩，就算有也是一個，並不是認為小孩是羈絆，而是你們希望小孩獨立後，能再回到屬於兩人的生活世界。

☆結婚明與暗★

在工作及收入方面妳並不輸他，所以妳也有很大的發言權，這是最大優點。

如果丈夫答應，妳也可能隻身赴海外工作，只不過分離可能造成彼此價值觀分歧，而使婚姻出現危機。

支撐妳和他婚姻生活的不是小孩，也不是一起生活建立起來的實質感，而是互相尊重、彼此了解的心情。

因此，你們尊重彼此的思考、自由，就這樣發生婚外情的可能性不小，也成為高離婚率佳偶。

命運星在 正財

理想的結婚對象

家庭第一的良父、良夫最佳

認真、踏實、有條不紊的印象，從男性方面來看，妳是新娘條件的第一名。妳本身對婚姻的憧憬也強，具有女性的幸福全賴婚姻的傳統思想。

因此，對你而言的最佳伴侶，基本上是重視家庭生活、婚姻生活的男性，雖然少了一份情趣，但卻是最重視妻子、孩子的丈夫。

除此之外，還需要是可靠、具男子氣概的男性。

只不過，重視家庭的丈夫，與值得依靠的主導型丈夫，竟然是相反的兩種類型。希望丈夫顧家，又希望丈夫在事業上成功，未免理想太高了。

認真、具未來性的『正財』是理想對象

從相性面來看，同樣是『正財星』的他與妳最適合。妳和認真、踏實派的他在一起，能夠過著風平浪靜的順利婚姻生活，而且他辛勤地致力於工作，充滿未來性，妳很有希望成為○○公司董事長夫人、總經理夫人。

同樣誠實、溫厚的『正官星』男性也是好伴侶人選之一，雖然比『正官星』缺乏融通性，但他腳踏實地、肯幹實幹的人生觀卻和妳很相似。

希望被牽引的妳，『偏官星』男性就很適合了，他具有大男人主義傾向，不論什麼事都一肩擔，「全部交給我就好了」、「跟著我就對了」的領導傾向，讓妳感覺可靠。乍看之下華麗，但在結婚方面卻要求務實的『傷官星』男性，與妳相性亦佳，在這種場合，妳很可能被他的人格吸引而結婚。

相性一覽表

他	比肩	劫財	食神	傷官	偏財	正財	偏官	正官	偏印	印綬
結婚相性	△	△	△	○	△	◎	○	○	×	△

妳的婚姻生活

經濟、精神生活安定，平凡地當個家庭主婦

坦白說，妳的婚姻生活取決於丈夫，亦即妳選擇哪一種類型的丈夫，妳就度過哪一種類型的婚姻生活，可能幸福，也可能不幸福。但聰明的妳，一定會選擇具有包容力、親切的男性，掌握幸福之道。

可靠的丈夫能給妳精神上與經濟上兩方面的安定，妳只要安心地當個家庭主婦，每天持家、育兒、等待丈夫下班即可，平凡卻安定。

妳不但服從丈夫，而且有點附屬於他的感覺，但妳感覺非常快樂，而且讓丈夫面子十足，周圍也給妳賢夫人的評價。若不幸丈夫在社會上不能出人頭地，妳便會專注於孩子的教育上，擔負培育英才的重責大任。

☆結婚明與暗★

不僅經濟安定，還具有社會地位，這是妳婚姻生活的最大利多。為了達成此目的，妳最好還是選擇優秀人才為丈夫，而成為成功男性背後的那雙手。

妳所受到的讚賞也能滿足妳的自尊心，這時候妳大概心裡會想：

「啊！我真是挑對老公了！」

但過於優秀的丈夫，可能忙於在外打拼，不常在家，而且多半屬於大男人主義型，他可能沒辦法協助妳照料子女，也很難讓妳掌握，妳很可能終日焦慮不安。

命運星在偏官

理想的結婚對象

能與妳的理想家庭像產生共鳴的人

活力有勁的妳，對任何事都講求效率，因此也不會浪費時間在談情說愛上，很可能閃電結婚。

這種速度不但很少出現失敗婚姻，還可說是此人的「得」呢！不過還是得慎選夫君。從相性點來看，妳與大部分男性均能相處得很好，這一點真是不可思議。妳有老婆當家的傾向，只要男性能接受，就沒什麼問題，因此，重點是妳希望怎麼樣的婚姻生活。快樂的生活、以小孩為中心的家庭、出外工作與家庭兩立等等，任何一種婚姻期待均可，只要能與妳產生共鳴者就是最佳選擇。

結婚相性佳的男性

穩重、乾脆的『食神』

從相性面來看，穩重而乾脆的『食神星』男性是最佳伴侶，他是會取笑熱衷時甚至忘了家庭的妳的人。性格乾脆，即使爭吵也不記恨。

不論說什麼，馬上會抓住機會回答的積極性『比肩星』、『偏財星』男性相性亦佳。

雙方均血氣方剛，衝突時會出現激烈爭吵，但多半對事不對人，可以攜手共渡幸福婚姻生活。

想要安定家庭生活的話，請選擇『正財星』或『印綬星』男性。

妳與『正財星』的他能共組踏實婚姻生活，『印綬星』的他屬於憨厚型，只要妳善加引導，必定能建立美滿家庭。如果妳希望一位可靠、值得依賴的丈夫，請選『劫財星』男性。

相性一覽表

他	比肩	劫財	食神	傷官	偏財	正財	偏官	正官	偏印	印綬
結婚相性	○	○	◎	△	○	○	×	△	○	○

妳的婚姻生活

歷經世紀之戀後開始甜蜜的家庭生活。愛情可以克服一切苦難。

妳堅信愛情是婚姻最重要的要素，如果不是真正喜歡的對象，妳根本不可能和他結婚，所以為了愛情，妳可能必須越過周圍層層障礙，歷經轟轟烈烈的大戀情後，才踏上紅地毯。

但實際婚姻生活並不是那麼甜美，你們可能為了小事爭吵、為了經濟問題、孩子教育問題起衝突，但也唯有在這時候，你們才深深體會「彼此如此相愛」，一定可以越過一切難關。

至於婚姻型式，妳可能是專職主婦，也可能兩人共創事業，妳能夠發揮「賢內助」的功能。相夫教子是妳的理想，但若丈夫事業有需要，妳也不排斥成為他的事業伙伴，愛丈夫、愛孩子、愛家庭，你們稱得上是天長地久的戀愛佳偶。

☆結婚明與暗★

兩人在愛情包裹下存在，一旦愛情變薄後，輕言別離的可能性很大，這是最大缺點。另外，大部分男性與女性不同，他們除了愛情以外，還有其他人生應該追求的目標，所以很可能對事業投入過深，讓妳感覺到他對妳的愛情消失了。

但優點是你們的愛情家庭對小孩而言，是至高無上的快樂，看見父母這麼相愛，孩子也會對自己未來的戀愛、結婚對象抱持樂觀態度，而且家庭生活也會對小孩精神狀態產生正面影響。

命運星在 正官

理想的結婚對象

選擇具有安定志向的踏實對象

具有敦厚、誠實個性的妳，擁有最高結婚運與夫運。『正官』就是端正丈夫之意，因為妳不太可能選相性不佳的丈夫。

即使如此，妳可千萬別自信過度了，因為對於談戀愛不在行的妳，很可能被愛情沖昏頭，草率選擇丈夫也不是不可能的事，尤其是急於結婚的場合，往往選成這個結果，請特別注意。

最適合妳的終身伴侶，仍是重視實在婚姻生活的男性，雖然他有點缺乏情趣，但卻能讓妳享受安定的婚姻生活，這種婚姻才是妳真正的幸福。自信地牽引妳的男性，正是妳值得依靠的對象。

結婚相性佳的男性

家庭性強的『正財』、『正官』能如妳所願

道道地地築起家庭的『正財星』、『正官星』男性，是妳最佳相性伴侶，妳不必擔心他花心，他是屬於愛妻、愛子，家庭性強的人，所以妳與他共組家庭能安心度過終身。

『正財星』的他積極努力在世上求取成功，所以妳對未來能有大期望。『正官星』的他與妳性格相似，妳能輕鬆與之相處，但你們都有不易溝通的缺點，所以夫妻爭吵也許要拖長時間才能煙消雲散。

『比肩星』或『偏財星』的他也是值得信賴的丈夫，尤其『比肩星』的他屬大男人主義型，能展現出雄糾糾氣昂昂的氣概引導妳。

妳和『食神星』的他能共築笑聲不絕的家庭生活，待人親切、社交型的他，能彌補妳人際關係方面的缺點。

相性一覽表

他	比肩	劫財	食神	傷官	偏財	正財	偏官	正官	偏印	印綬
結婚相性	○	△	○	×	○	◎	△	◎	△	○

妳的婚姻生活

相夫教子為最大人生價值的「賢妻良母」

既然結了婚，不論多麼勞苦，都希望以家庭為重，希望成為丈夫最佳賢內助，妳視結婚為一生中最重要的事，也希望引起男性共鳴。

結婚後，盡心照顧丈夫、盡心照顧孩子，才能讓妳感受到人生的價值。說到為丈夫、小孩盡心盡力，會讓別人有時光倒流的錯覺。

但事實上，妳為他們燒飯、洗衣、打掃，卻從中享受到真正的樂趣，雖然妳像個黃臉婆，但內心卻十分幸福。

公婆應該也很喜歡妳，因為基本上妳是位可愛的媳婦。隨著結婚日子增長，妳在家的發言權也增加，但就算心有不滿，也對公婆事親至孝，所以妳和公婆同居的可能性很高。

☆結婚明與暗★

家事處理得愈完美，就好像該做的事也愈多，永遠做不完似的，往往從早到晚都在忙著照顧丈夫、小孩，因此與婚前朋友愈來愈遠。雖然因小孩因素，妳會結交許多媽媽朋友，但還是希望妳繼續維持婚前人際關係。

婚後妳忙於照顧丈夫，生產後又忙於照顧小孩，妳傾注所有心力在兒女身上，然而一旦小孩長大後離開妳，妳將有很大的失落感。

因此，在照顧丈夫、小孩的同時，也請兼顧自己的興趣。

命運星在 偏印

理想的結婚對象

和與自己正好相反的「盡心盡力」型最幸福

社交型的妳不太會照顧別人，所以最好選擇能夠「盡心盡力」照顧妳的男性。妳在工作方面能力強，經濟充裕，因此不結婚者不少。

但漫長人生總有受傷、跌倒的時候，這時候如果有個能相扶相持的伴侶在身邊，復原程度就很快，而且結婚可以使妳成長。

而妳的理想伴侶，是與妳性格正好相反，認真、踏實型男性。一開始可能因個性不合而經常發生衝突，但不久妳就會發現，他能令妳安心。

結婚相性佳的男性

踏實走在人生道上的『正官』最安心

妳是才能豐富的職業型婦女，但卻是注重外表、內在散漫的人，如果妳選擇和妳同類型的男性為對象，那你們組成的家庭就沒什麼意義了。妳還是挑選踏實、穩健型男性，才可能有幸福婚姻生活。

符合此條件的是『正官星』的他。

雖然他有不易融通的缺點，但卻是一步一腳印地開拓人生大道，妳可以安心地跟隨他前進，如果妳能發揮才能，就應該能掩蓋住他的缺乏融通缺點。

『正財星』的他也是良伴，由於與妳正好相反的經濟觀念發達，所以妳的浪費習慣在和他結婚後應該會收斂不少，而且他腳踏實地地努力，未來社會地位、經濟力十分可期，是足以滿足妳高傲心的丈夫。

相性一覽表

他	比肩	劫財	食神	傷官	偏財	正財	偏官	正官	偏印	印綬
結婚相性	△	△	×	△	△	○	△	◎	△	△

金錢比愛情重要？經濟安定是幸福第一要件

對於愛情是婚姻最重要因素的說法，妳一定抱持很大的疑問，而且妳一定在嘲笑高唱愛情論的女性朋友們，因為妳認為沒有財力就沒有婚姻。

因此，妳當然會在經濟基礎穩固的情況下才談結婚，丈夫多為領固定薪水的上班族，或薪水雖不高，但卻是穩當安定如公務員的職業。另外，妳也可能挑選不常在家，而在世界各國飛來飛去的男性。

生活型式以專職家庭主婦為理想，但如果丈夫收入不高，妳便會外出工作，使生活過得更好。妳寧願外出上班，也不願只窩在家中。

☆結婚明與暗★

如果經濟方面有餘裕，當丈夫上班後，妳會悠閒地在家看書、埋頭於自己的興趣、與友人聊天、吃飯、看電影等等，度過自由自在的一天。

讓妳如此悠閒度日的丈夫，實際上一直孜孜不倦地辛勤工作，但妳卻……！你們之間可能有瑕疵，那就是妳和他之間的牽絆很薄弱，尤其不是以愛情為基礎的婚姻，丈夫就只是個賺錢的機器而已，妳並不會心疼他的工作負擔，為所欲為地做自己想做的事，盡情盡興地尋找自己的快樂。

結果很可能導致丈夫外遇、小孩行為偏差、家庭崩潰的局面出現。

命運星在印綬

理想的結婚對象

強而有力地牽引妳的男性

關於戀愛、婚姻，妳都處於被動角色，因此基本上以引導妳的男性為理想伴侶。當然，妳的性格有時會對對方強而有力的態度、行動感到厭煩，但大部分場合，妳都能安心地跟隨他，享受幸福感。

相反地，和妳一樣優柔寡斷的男性則不適合妳，他模糊不清的態度只會讓妳不安而已，如此一來，久而久之會在婚姻生活上留下陰影。知性聰明的妳，操縱丈夫也很在行，從這層意義來看，行動派單純型男性是妳的最佳選擇。

結婚相性佳的男性

腦筋轉得快的行動派『傷官』

名譽慾強、行動派的『傷官』男性，是對妳而言最佳相性伴侶，而且他的腦筋轉得快，能滿足知性派的妳。

你們在興趣、嗜好方面有許多共同部分，在你們之間連結成一條緊緊的線，而且他內在有樸實的一面，是妳很容易了解的對象。

『比肩星』、『偏官星』的他也是好伴侶，雖然沈默不語，卻是能帶領妳、讓妳依靠的丈夫，單純而且輕易掌控。

『劫財星』的他待人親切和藹，但當有需要時，他又能一變而為可以依靠的伴侶。

能開朗地與妳共組美滿家庭的是『食神星』的他。只要和性情開朗的他在一起，妳就感到安心，你們能度過興趣多樣化的家庭生活。

如果妳希望堅實的婚姻生活，推薦妳選『正官星』的他。

相性一覽表

他	比肩	劫財	食神	傷官	偏財	正財	偏官	正官	偏印	印綬
結婚相性	○	○	○	◎	△	×	○	○	△	△

妳的婚姻生活

追求自己期望的婚姻，在年長丈夫的疼愛下，妳能度過優雅的日子

自己積極追求愛情，從戀愛至結婚，一步一步地依自己期待模式進行的情形很多，這就是『印綬星』的妳。

從初見面開始，就期望像妳這種氣質好、謹慎的女性為妻的男性相當多，所以在妳喜歡他之前，他往往已經悄悄地在喜歡妳了。

像這樣從戀愛到結婚，妳能在丈夫的庇護下度過安定的生活，你丈夫也打從心底愛妳，拼命工作希望讓妳過得更好。

大部分的場合，妳會和高收入的醫生、律師、老闆結婚，妳則在家當專職家庭主婦，生活過得悠閒自在，沒有經濟壓力。

你們有一或二個小孩，妳一手培育他們，對教育相當重視，等小孩長大上學後，妳會發展妳的興趣，或補習語文、才藝。

☆結婚明與暗★

金錢方面的不安很少，疼愛妳的丈夫、乖巧的孩子讓妳擁有美滿的家庭，是人人稱羨的一家人，在衆人羨慕的眼神下，你一定也打從心底感到滿足。

但妳的丈夫太優秀了，使妳無法因結婚而成長，一旦丈夫有什麽事不能伴在妳身邊時，妳很可能精神無法自立，這時妳才警覺自己怎麽變成這麽沒用的人，尤其婚前在工作方面表現還不錯的妳，也許結婚反而造成你的損失。

第五章
從貴人星、凶神星占卜幸福的關鍵、不幸的陰影

吉神星中有許多是享有「貴人」美譽的星，因此這些星總稱為「貴人星」。

☆招來幸運的方法：利用第一章求出的吉神星。

☆避免不幸的方法：利用第一章求出的凶神星。

☆招來幸運的方法

吉神星

天乙貴人

最高的吉星。
保證一生受幸運之神眷顧

天乙貴人在數顆吉星當中居於最高地位，能化解一切降臨妳身上的災難。擁有此星的人，多半出生於良好家庭、環境，即使不富裕，也必定受雙親、周圍人疼愛，孩提時代過得相當幸福。

當然，這顆吉神星的正面作用並非只在孩提時代發揮效果，你這一生都深受其惠。長大成人之後，不論考試、工作、談戀愛、結婚等階段，你都有幸運之神的照顧，一定能在社會上出人頭地。

此吉星還有「一生衣食無缺」的吉意，代表你一生沒有經濟方面的煩惱。

●此星助你

在人生的瑕疵點上

當在人生舞台中，非得由你自己選擇節目進行方向時，你會受到良師指引、貴人忠告，掌握幸運機會。

另外，乍看之下不幸，但之後卻因此不幸而得到更大幸運的例子何其多。例如就職第一天生了一場病，無法如期上班，結果隔幾天後卻收到第一志願公司的錄取通知，真是「塞翁失馬、焉知非福」。

●招來幸運的方法

不要忘記努力與微笑

不論多麼崇高的吉神星，如果妳不努力，結果也只是平凡的人生而已，而且不要忘記隨時保持微笑，讓周圍人分享你的幸運。建議你從事義工工作。

●幸運事項

物品　他人贈送禮物
場所　喜慶宴會、會場
號碼　1

吉神星

大極貴人

運勢漸開、否極泰來的吉星。具有援助運的幸運星

此星一開始讓妳感覺不到它的存在，但運勢卻愈來愈寬廣，最後能夠掌握大幸運。是否

極泰來之星。

擁有此星的你，即使孩提時代病弱不堪、環境不佳，別擔心，長大成人後，你一定會得幸運之神的眷顧。將來必定擁有崇高社會地位，或以夫君爲榮。

此星別名「援助運吉神星」，暗示當你不幸或陷入危機時，會得貴人援助，而且金錢援助情形不少，例如你有好的構想卻無資金實現構想時，自然而然就會有支援你的人出現。

從近身而言，你也將得戀愛援助者的眷顧。

●此星助你

當你遭遇困境時，支援者出現……

當你不斷努力，卻始終無法開花結果時，助你一臂之力的人一定會出現。

例如讀書、工作遇到瓶頸時，也許就會有貴人出現，讓妳度過難關，或適時給予忠告，讓你從死胡同裡掙脫出來，並更上一層樓。

從這層意義來看，希望你儘量與人接觸。

●招來幸運的方法

日日精進不懈怠

所謂否極泰來的運勢，是指越過低迷運勢時期，往好運勢邁進之意。但如果你不求進步、怠於努力，則可能終身處於低迷時期，所以日日精進最重要。

●幸運事項

物品　紀念郵票、車票、入場券
場所　銀行、電話亭
號碼　6

吉神星　天官貴人

代表工作運的吉星。能得到地位、事業

此星在你踏進社會工作後，能帶給你幸運，尤其是有關工作上的各種幸運。擁有此星的你，可說與生俱來就有事業命。

例如雖然你在就業上有波折，但卻能得到希望工作、良好工作環境，與上司、同事和睦相處的幸運。

此外，你很可能因工作而結交知心朋友，或因工作而得到美滿姻緣。

最重要的是，因為工作的關係使你成長，讓你更具備成熟魅力、得到周圍人喜愛。當然，獲得社會地位、得世人尊敬的理想也可能實現。

●此星助妳

不論到什麼地方都受歡迎

此吉星別名「照顧運」之星，所以當你就職、轉職時會得前輩照顧。另外，在工作場所很受歡迎，不會有人際關係的困擾。

當然，也暗示你遭遇工作瓶頸時，會適時得到協助，有貴人出現幫助你。

●招來幸運的方法

努力提升工作能力

請在工作領域內努力提升自己的實力，例如資格取得、專業知識加強等等。英語不用說，其他國語言也希望妳多學習。

●幸運事項

物品　記事本

場所　公司、工作地點
號碼　5

吉神星

福星貴人

保證終其一生安泰、家庭幸福的星。財運更吉

此吉神星保證妳一生與大災難無緣，終身安泰，尤其暗示在金錢方面更幸運。擁有此吉神星的妳，難道不是出生富裕家庭、衣食無缺的幸運兒嗎？即使妳小時候不是很富裕，但將來在社會上一定能成為成功者，大可期待幸福人生。

此吉星暗示獨立建築財富王國，因此自立開創事業更好。

另外，此星還有建築美滿家庭的吉意，這是女性最夢寐以求的事情。也許妳選擇的伴侶在事業上有成就，在家則愛妻、愛子。

●此星助你

在金錢方面助你一臂之力

金錢方面的幸運也包含抽獎運、懸賞運，所以擁有此吉星的你，應該積極參加各項抽獎活動。

但積極參與和一頭栽進去不同，將全部財產投入只會招來不幸而已，絕無幸福可言，還是以歡樂的心情較能帶來吉意。

●招來幸運的方法

以無償的精神對周圍產生作用

你得社會、金錢之眷顧，如果能以分享的心情將幸運帶給他人，你將更幸運，希望你積極參加義工行列。

贈送家人、朋友禮物可提高幸運度。

●幸運事項

物品　溫度計、鬧鐘
場所　起居室
號碼　3

吉神星

文昌貴人

學問、藝術的吉星。與生俱來具備文化才能

此吉神星就是學術吉星。

擁有此吉神星的你，天生就具備學術、藝術領域方面的才能，所以從小成績好，雙親對你寄予厚望，一定讓你學習不少才藝。

你的運動神經發達，也許能成為運動健將、舞蹈家，將來也受這些才能之賜，在學術、藝術領域上得到成功指日可待。

即使你現在沒有傑出表現，立刻行動還不遲，試著從自己有興趣的方面著手，可能出乎意外地，你將以此為終身事業，即使與工作無關，這項才藝也會對你一生產生重大正面影響力。

●此星助你

從學問、藝術開始投入，求取最高資格

考試前一晚所讀到的部分，第二天考試都出現在題目紙上，這種幸運正是此吉神星的特長。但這種實例只不過是表面部分，你應該透過學問、藝術等興趣，鍛鍊自己的思考力，使精神層次提升。

另外，你經由才藝、興趣等社團活動，可以結交知心朋友。

●招來幸運的方法

平常經常接觸藝術

盡量把握與藝術接觸的機會，養成讀書的習慣，或在家看看錄影帶，當然，如果時間、金錢許可，希望你多欣賞戲劇表演。

接觸地方傳統戲劇也很好。

●幸運事項

物品　帽子、鉛筆盒

場所　學校

號碼　7

吉神星

天廚貴人

與食衣住之勞苦無緣。保證身體健康

此吉神星是保證妳一生衣食住不缺、生活平穩的幸運星。「天廚」就是指天上的廚房，擁有此吉神星的妳，天生具備上天賜予一生飲食，因此，妳必定出生富裕之家，或嫁入富裕之家。

除此之外，此吉神星還暗示著強大的機會。例如，妳本來判斷自己考不上那所學校，結果卻考上了；妳正為有一面之緣的男性苦相思時，竟幸運的在偶然的機會裡又與他相遇。

此星主司健康身體，因此多為身體健康之人，即使疾病或受傷，也都能得到名醫診察，或許妳意外地在醫院找到終身伴侶。

●此星助你

在日常中能得靈機一動的幸運

機會怎麼滾都會滾到你身邊，例如打開電視就讓你掌握新商品資訊、發現最新運動器材，或者和友人聊天時，突然腦海浮現新構想，這些資訊與經驗一定對你的未來有助益。尤其在就職、換工作、為戀情所苦時，這些經驗一定能助你一臂之力。

●招來幸運的方法

好好照顧身體

妳擁有健康運，但得時時牢記對身體有益之事，例如定期健康檢查、注意飲食等可提升幸運度。

●幸運事項

物品　成對的茶杯

吉神星

場所　餐廳
號碼　9

天德貴人

能得到地位、名譽的「幸運成功星」

此吉神星主司社會上成功，又名「幸運成功星」。擁有此幸運星的妳，比任何人容易得到社會地位、名譽。

其中有些人年輕即自創事業，也有些人從基層做起，受老闆器重、拔擢，這種吉意不會因為女性而減弱，妳將成為少數女性成功者之一。

另外，當妳走進家庭後，再回歸社會、活躍社會的可能性很大，對於想累積工作實力的妳而言，這顆星的幸運威力在後半生。

此吉神星有轉凶為吉的作用，因此不論遭遇多少不幸，都請妳不要灰心。

●此星助妳

在社會碰壁時會有貴人出現

女性進出社會還是有些困難，因此一定有不少人為此傷心、失意，但這時候應該會有貴人出現幫助妳。

此星同時也暗示妳可得志同道合的朋友，彼此勉勵、關懷，所以妳最好積極擴展人際關係。

●招來幸運的方法

在一連串不幸之後，大幸運指日可待。

服務社會

要將此吉神星的幸運度發揮至最大限度，最重要的就是勿忘對社會的「服務精神」，只要妳能力所及，做什麼都可以，不知回報社會將使幸運減半。

●幸運事項

物品　運動衫
場所　公園
號碼　3

吉神星

月德貴人

專司幸福戀愛、結婚的星。能得好丈夫

此吉神星可說是女性的幸運星，因為它專司幸福戀愛與婚姻。擁有此吉神星的妳，從小人見人愛，即使長大後依然如此，少女時代人緣非常好，也許小學時代就有男朋友了。當然，以前沒有這些體驗的妳，從今以後一定會開始走運，也許會有夢寐以求的相識、相戀出現，並與最佳相性男子走進結婚禮堂。

此吉神星也含有得好人品丈夫的吉意，因此在選伴侶時，要重視內在，不要只看他的表面，妳一定可以找到比預期還好的丈夫。

此星也暗示妳能得雙親、兄弟援助，或者被夫家所疼愛。

●此星助妳

為戀情悲傷時，救援者立刻出現

擁有此吉神星的女性，異性緣特別好，身邊不乏異性圍繞，一個走了另一個就來。例如當妳在失戀的痛苦深淵打轉時，比他更好的優秀男性立刻出現在妳眼前，或者即使在他人眼中高不可攀的男性，也會因某種機緣和妳接觸。

只不過如果他終究不是妳的命中伴侶時，在吉神星的加護下，妳會遠離他。

●招來幸運的方法

不要輕易談戀愛、結婚

妳擁有難得的戀愛、結婚運，但不要輕易就把自己出賣了，最好仔細觀察對方的人格、品性、將來性後，再與他交往。

●幸運事項

物品　隨身聽
場所　夜景美的地方
號碼　2

吉神星

暗　祿

專司最大逆轉運的吉星。戲劇化人生之命運

此吉神星有在絕望前一步起死回生的幸運，是專司逆轉運的星。

擁有此吉神星的妳，也許不能度過風平浪靜的一生，但卻是充滿戲劇化的人生。

然而有一點可以肯定的，那就是妳的人生絕非不幸，甚至可能是大幸。例如服務好幾年的公司宣佈倒閉，妳乾脆自己創業，結果獲得大成功，這種例子常見於此星人身上；另外心愛男朋友被別人搶走了，當妳陷於苦悶時，出現更有魅力的男性向妳示愛。在妳一生當中，會遇到許多類似逆轉情形。

此吉神星也暗示在妳金錢發生困難時，一定會有救援者出現。

總而言之，擁有此吉神星的妳，能化凶運為強運。

●此星助妳

在窮途末路時出現……

當妳在走投無路、欲訴無門時，一定會有什麼機會造訪，或者救援者出現。

但一點小困境則用不到機會與貴人，一定要靠自己努力克服難關。因為此星只在妳窮途末路時，才會發揮強大的威力。

在妳公司倒閉、家人慘遭不幸、失戀、離婚等重大事故發生時，妳一定會像重生般得到新幸福。

●招來幸運的方法

相信自己、堅持到最後關頭

一點打擊不要灰心，一定要努力克服困難，自信心比什麼都重要，此星一定會使妳轉運。

在順利時應和睦待人，盡量多交朋友。

●幸運事項

物品　小刀片

場所　海邊

號碼　4

吉神星

紅艷

受衆人喜愛，人緣運、戀愛運之星

此吉神星專司人緣運及戀愛運，也就是擁有此吉神星的人，任誰看了都會喜歡，而且戀愛運不錯。

尤其此吉神星強烈暗示戀愛的喜悅，這位女性多半能集在場男性的焦點於一身，屬於美女型。

當然，如果自己也喜歡對方，則大部分可以成為一對佳偶，只不過擁有此吉神星的女性，很容易墮入情網、迷失自己，或戀人以外其他男性也追求，引起三角關係的困擾。

即使妳人緣再好，如果妳的戀愛關係太複雜，也會使幸運威力減半。

●此星助妳

只要妳喜歡，莫等異性主動追求

姑且不論妳是否擁有此吉神星，也不論妳是否有男性緣，單相思多的妳沒注意到自己的魅力嗎？

請妳稍微在打扮、髮型方面下些工夫，鑽石在未琢磨之前也只是一塊普通石頭而已。

另外，如果妳只等著對方來和妳說話，那戀情是很難結果的，好不容易妳有這顆戀愛星，只要妳真心喜歡，就先主動表示，效果一定出奇的好。

●招來幸運的方法

唯有勇敢去愛一途

如果妳找到自己本命的男性，就不要再三心二意地騎馬找馬，這樣才能避免戀愛糾紛，也能提升戀愛至結婚的運氣。

●幸運事項

物品　裝飾品（尤其是耳環）
場所　茶藝館
號碼　2

吉神星

金輿祿

結婚運的幸運星。搭乘玉轎不是夢

此吉神星是專司結婚運的幸運星，所以妳能和心愛男性享受幸福婚姻生活，當然，搭乘玉轎也不是夢，可說是女性的幸運星。

結婚運好，戀愛運也順利，很少有單相思、哭泣分手的情形，與喜歡對象通常會有好結果，但多半的特徵是會受家世好、人品好的男性喜愛。

伴侶運良好的意義，還包含了戀愛、結婚之外，在結交知心朋友、工作伙伴方面的幸運。

總而言之，妳能度過幸福人生。

●此星助妳

婚姻生活平坦

關於結婚各種事項，妳擁有種種幸運，與喜歡人順利交往、有情人終成眷屬的可能性很高，能在衆人祝福聲中進入結婚禮堂，除非有特別事故，否則不會受到雙親或周圍人反對。

此外，很可能出現具未來性的男性初次見面就向妳求婚的情形，即使不是這麼華麗的初識，也能在相親、介紹中找到良緣。

●招來幸運的方法

仔細勾出理想藍圖

就算妳擁有最佳結婚運，如果妳不做任何努力，則只有使好運愈來愈低下。至少妳應該對自己的未來勾畫出藍圖，這樣才不會讓機會溜走。

●幸運事項

物品　皮製錢包、小皮包、背袋

場所　百貨公司

號碼　3

吉神星

富貴學堂

專司學問的星。

對讀書、研究造成影響，使你度過充滿知性的人生此吉神星可讓你在學問領域內出頭。

擁有此吉神星的你，從小成績好，集老師、雙親期望於一身。即使不是每一門科目都很優秀，至少也有某些科目特別優異，你應該很喜歡讀書，而且這份好學心對你未來工作有很大影響。

如果你以前不喜歡讀書，從現在開始還不晚，積極參加各種在職教育，享受教育之樂，藉此你將尋找到新的人生觀，也暗示在新的知識領域裡，你能展開寬廣的人際關係。

此吉神星對於任事務性工作的你很有幫助。

●此星助你

考試等能抓得住要領

擁有此吉神星的人，多半是天生頭腦好的人，先天條件加上後天努力，一定能成功。

學生時代一定不少人總是在考試前一晚臨時抱佛腳吧！參加各項資格考試、就業考試，應該也都不用太辛苦就可過關。

另外，興趣也可當成副業，你很可能在這條路上大放異彩，所以最好擁有一項興趣。

●招來幸運的方法

從事適合自己的工作

記得要選擇自己能力輕易可勝任的工作，用不著自己能力的工作最好換掉。但如果你尚未取得資格，或能力尚未充分，則可先在這個位置上磨練一番。

●幸運事項

物品　領帶或圍巾
場所　上班、上學的路
號碼　8

吉神星

日德

巧妙避免不幸的星。控制被害在最小限度

此吉神星是能讓你遠離不幸的幸運星。

並不是絕對不會有不幸造訪，而是如果一般人一年有五次不幸遭遇，則你只有二、三次。

當不幸來臨時，你能在事前有警覺、及早尋求應對之道，使被害程度減輕至最低。例如交通事件發生時，也許其他同車者均受重傷，但你卻幸運得只有小擦傷，這就是此吉神星的作用。另外，你在休閒、旅行等娛樂方面的運氣也很好。

你有許多機會參加各種休閒活動，並藉此擴展人際關係。

●此星助妳

在千鈞一髮之際逃離災難

最大不幸仍屬車禍、疾病，雖然不能保證完全避免，但至少能將不幸減輕至最低程度。所以你經常錯過車班而避免交通事故、提早至醫院檢查而抑制病情。

另外，你有時也會從書上獲得知識，使得自己糾正錯誤、避免大事發生。

●招來幸運的方法

不要傲慢於自己的幸運

當你幸運地避開不幸事件時，應該心存感謝幸運之神降臨，不可因自己是幸運兒而出現傲慢態度，否則只會使幸運度降低。

●幸運事項

物品　花束、花瓶

場所　大廳
號碼　22

吉神星

日貴

專司人際關係的星。不用為人際關係而煩惱

此吉神星是保證妳人際關係順利的幸運星。

擁有此吉神星的妳，從小即受人喜愛，在人際關係方面勞苦少是特徵。妳能在良友、良師指導下成長，即使與人爭吵也能立即和解，而且此吉神星帶來的幸運將伴妳一生。

因此，當妳踏進社會工作後，不必為同事之間的人際關係煩惱，出嫁後也不必擔心姑嫂

、婆媳問題。

此外，此吉神星也有得長上提拔的吉意，很可能因親戚上輩介紹而得良緣，也可能因上司拔擢而高升。

妳和自己的小孩也能建立良好親子關係。

●此星助妳

使妳成長茁壯的人出現

人際關係方面的幸運還有這種情形。也許妳會遇到乍看之下對妳百般挑剔、要求特別嚴格（多為長上）的人，妳認為他的存在真是對妳一點助益也沒有，但事實上，他卻是能使妳成長茁壯的人。

尤其妳不討厭對方的場合，請務必相信他，這個人對妳一生有很大的正面作用。

●招來幸運的方法

坦率待人

請記住坦率、樸直是妳的最佳武器，但這和優柔寡斷、對任何人都好的濫好人不同。不論何時何地，勿忘仔細陳述自己的意見。

●幸運事項

物品　信封組
場所　車站
號碼　33

吉神星

月空

具有指導運的星。擁有立於人上的機會、才能

此吉神星是專司指導運的幸運星。

擁有此吉神星的人，就算自己不積極向前衝，也常能立於人之上，發揮領導方面的才能。所以你從小一定經常擔任班上幹部，而事實上，你也是一位相當優秀的領導者，只要你積極行動，必定運勢大開。

一開始不妨從自己的興趣方面著手，開拓自己得意的分野，最後終能擔任領導工作。

此吉神星與社會上的成功也有很大關係，將來率領衆多部下的可能性相當大，也許有朝一日能一躍而坐上總經理寶座。

●此星助你

具有優秀領導才能

雖然與生俱來即為領導人才，但如果毫無方法，則很難當個成功的領導者。

不過你會遇到傑出的導師，也許是雙親，也許是老師或上司，在良師教導下，你能夠成為一位傑出、成功的領導人才。

此外，在你遭遇困境、動彈不得時，也可期待貴人出現相助。

●招來幸運的方法

不驕傲、不怠惰地行動

頗得衆人尊敬的你，最重要的就是不驕傲，你應該在自己領導的分野上率先行動，只要遵守這二點，你一定能成為魅力十足的領導者。

●幸運事項

物品　胸針、別針
場所　高樓大廈
號碼　11

☆避免不幸的方法

凶神星

羊刃

因過度而惹人嫌，招致損失

此凶神星代表任何事都有過度而招來不幸的意思。

擁有此星的你，雖然沒有特別自我主張，但也會讓周圍人覺得你自以為是、傲慢、不好相處，往往使你交不到朋友。當然，雖然你不刻意樹立敵人，自然而然也會產生不少敵人。

此外，此星的特徵是，計畫中應為得，但結果卻遭損的情形。例如下賭注，一開始不斷小贏，等你下大時卻全部輸光。

●避免不幸的方法

凡事適可而止是重點，但這對你而言也很難。你最好只決定做一件事，在工作或興趣方面投入，但只有談戀愛除外。

凶神星

飛刃

對金錢與愛情忽冷忽熱

擁有此凶神星的妳，有對事勿冷忽熱的負面傾向，表現在金錢、愛情方面尤其顯著。在金錢方面，熱中賭博而揮金如土，或喜歡高價衣著、珠寶，導致虧損連連的女性不在少數。至於愛情方面，現在是非他莫屬，但過不了多久這股熱情突然冷卻，不斷更換戀人的可能性很大。

此外，也暗示衝動成災、可信任朋友少、禍從口出等不幸。

●避免不幸的方法

忠言逆耳，珍惜對妳提出忠告的朋友。

改掉喜歡批評他人的習慣。

凶神星

亡神

任意而為招致不幸

此凶神星是使妳以自我為中心而招致不幸的凶星。「亡神」就是「好不容易擁有幸運（神），自己卻將它滅亡」之意。

因此，妳往往討厭反駁妳的意見的人，妳總是愛怎麼樣就怎麼樣地任意而為。妳永遠不會對身邊的幸運、幸福感到滿足，只會不停地抱怨，就是這種感覺不到幸運、幸福的傾向，使得妳不斷換男朋友、不斷換工作。

●避免不幸的方法

不要只想著自己的事，也請設身處地想想他人的立場，不論妳想說什麼，都請在不傷害對方的原則下才說出口，只要注意女性天生的親切與溫柔，妳應該可以成為人見人愛的人。

凶神星

白衣殺

成功就在眼前，卻遭遇失敗、挫折

此凶神星代表難得的機會、成功就在眼前，卻無法抓住機會或容易受挫之意。眼看就要成功了，沒想到卻發生意外，只好含淚與勝利道別的情形也有。因此，擁有此星的你，很可能在競爭激烈的入學考試、就職考試中，好不容易熬到面試階段了，卻因為不當發言而喪失良機；或結婚典禮就在明、後天了，卻發生了大事件，使得婚禮不得不取消的狀況也很容易發生。

此星也稱為疾病星，必須注意慢性病。

●避免不幸的方法

掌握機會、幸運後，在到達終點站之前，都絕不可大意，以免功虧一簣。

有關疾病方面，平常就得注意身體保健。

凶神星

流霞

戀愛糾紛此起彼落

此凶神星是代表戀愛糾紛的星，尤其暗示與特定男性容易引起紛爭、事故。擁有此凶神星的妳，很可能因小事與男朋友發生爭執而別離，或大衆情人型的他移情別戀的不幸事件容易發生在妳身上。

另外也可能對方示愛，自己卻猶豫不決、忐忑不安，結果自己放棄大好機會。妳還有選擇緣份薄的戀人傾向，例如好不容易與他成為一對戀人，沒想到他卻突然調至外地服務。

●**避免不幸的方法**

和他的精神結合很重要，請擁有共同興趣，經常聊天溝通。短暫的離別也應互相信賴，只要堅定信心必能越過難關。

凶神星

咸池

愛情與性容易破滅

此凶神星是代表戀愛與性愛破滅之意的星。

擁有此星的妳，容易在愛情路上跌倒、遭遇不幸，最容易發生的是被花花公子玩弄，而且妳也有愛上不該愛之男性的傾向。

妳與三角關係不可能無緣，很可能在友情與愛情之間遇到難以解開的結，甚至最壞的場合也許發生四角戀情。另外在性愛方面，可能一頭栽進不正常肉體關係內而無法自拔。

●避免不幸的方法

應該先養成仔細觀察男性的習慣，先確定對方是怎麼樣一個人之後再以身相許，只要選對人，應該可以度過幸福人生。

凶神星

天耗

捲入人際關係紛爭中

此凶神星代表人際關係之紛爭，而且此星的特徵不是自己導致紛爭，而是周圍帶給妳的紛爭、不幸。

擁有此星的妳必須為了解決友人之間的紛爭而疲於奔命，最後自己也捲入是非圈中；或者一起工作的同事造成錯誤，妳卻得為她處理善後，這類情況出乎意外地多。而且以長上或同年代人帶來的困擾較多。

此外也暗示容易受騙。

●避免不幸的方法

與人交往關係適可而止，這是給妳最佳的忠告，有時要乾脆地說「ＮＯ」。另外要注意好話中藏有毒素，尤其是關於工作、購物方面的話。

凶神星

孤神

不知為什麼總是陷於孤獨狀態

此凶神星是代表孤獨心情意思的星，所以擁有此星的你，總會感覺內心孤獨、不滿足，容易陷於心情寂寞的狀態中。例如交朋友不順利、工作不順利而鬱悶。

姑且不論你是否心存傲慢，你總是對他人要求過多而令人討厭，這一點必須留意。

此星也暗示金錢上的紛爭，你很可能因借錢而與人發生摩擦，或為龐大債務煩惱。

為了紓解孤寂的心，不少人熱中宗教、占卜。

●避免不幸的方法

與人相處於共同興趣的基礎上，自然能擴展人際關係，應該就不會感到孤獨了。自己積極提起勇氣與人交談也很重要。

巧妙運用占卜於人際關係上，也是一個好方法。

凶神星

斷橋

與肉親或親近之人發生問題

此凶神星暗示著與骨肉至親或親近的人之間的紛爭。

與極親切的人之間的紛爭必須小心，一點點小事造成的意見不合，可能就讓妳們絕交，長年友情毀於一旦，或負氣離家出走。

在讀書、工作方面選擇錯誤也會招來不幸。

還好，此星的凶意是暫時性，只要和對方和解，化不幸為幸運，即可使運勢漸開。

●避免不幸的方法

與親人之間的不合必定有前兆，小誤會應立刻解釋清楚，心平氣和地溝通。

讀書、工作方面選擇錯誤應提早察覺，不合就不要勉強自己忍耐。

凶神星

血刃

暗示疾病、受傷事件

此凶神星是暗示疾病、受傷事件的星。

擁有此星的你，天生體質衰弱、一年到頭生病，而且光是個小感冒就很難好。平常一定要注意生活規律、飲食營養。

交通事件、意外傷害也要特別留意，出國旅行時記得先投保，以防萬一。

「血刃」代表出血的嚴重傷害，請特別小心。

●避免不幸的方法

平常注意飲食營養最重要，另外不要過度勞動，多做運動健身。

駕車千萬小心，謹慎為保身之道。

干支曆

1935年

∫

1983年

干支曆的使用方法

●出生年的干支請看看「年干支」欄。

●出生月的干支請看自己出生月欄。一月出生的人請看前一年最下面一欄的翌年一月干支。

這是因爲四柱推命使用舊曆之故。

1938年			1937年			1936年			1935年			西曆
民國27年			民國26年			民國25年			民國24年			年號
戊寅			丁丑			丙子			乙亥			年干支
節入日	1日干支	月干支	節入日	1日干支	月干支	節入日	1日干支	月干支	節入日	1日干支	月干支	出生月
4日	甲子	甲寅	4日	己未	壬寅	5日	癸丑	庚寅	5日	戊申	戊寅	2月
6日	壬辰	乙卯	6日	丁亥	癸卯	6日	壬午	辛卯	6日	丙子	己卯	3月
5日	癸亥	丙辰	5日	戊午	甲辰	5日	癸丑	壬辰	6日	丁未	庚辰	4月
6日	癸巳	丁巳	6日	戊子	乙巳	6日	癸未	癸巳	6日	丁丑	辛巳	5月
7日	甲子	戊午	6日	己未	丙午	6日	甲寅	甲午	7日	戊申	壬午	6月
8日	甲午	己未	8日	己丑	丁未	7日	甲申	乙未	8日	戊寅	癸未	7月
8日	乙丑	庚申	8日	庚申	戊申	8日	乙卯	丙申	8日	己酉	甲申	8月
8日	丙申	辛酉	8日	辛卯	己酉	8日	丙戌	丁酉	8日	庚辰	乙酉	9月
9日	丙寅	壬戌	9日	辛酉	庚戌	8日	丙辰	戊戌	9日	庚戌	丙戌	10月
8日	丁酉	癸亥	8日	壬辰	辛亥	8日	丁亥	己亥	8日	辛巳	丁亥	11月
8日	丁卯	甲子	7日	壬戌	壬子	7日	丁巳	庚子	8日	辛亥	戊子	12月
民國28年			民國27年			民國26年			民國25年			翌年
6日	戊戌	乙丑	6日	癸巳	癸丑	6日	戊子	辛丑	6日	壬午	己丑	1月

1942年			1941年			1940年			1939年			西曆
民國31年			民國30年			民國29年			民國28年			年號
壬午			辛巳			庚辰			己卯			年干支
節入日	1日干支	月干支	節入日	1日干支	月干支	節入日	1日干支	月干支	節入日	1日干支	月干支	出生月
4日	乙酉	壬寅	4日	庚辰	庚寅	5日	甲戌	戊寅	5日	己巳	丙寅	2月
6日	癸丑	癸卯	6日	戊申	辛卯	6日	癸卯	己卯	6日	丁酉	丁卯	3月
5日	甲申	甲辰	5日	己卯	壬辰	5日	甲戌	庚辰	6日	戊辰	戊辰	4月
6日	甲寅	乙巳	6日	己酉	癸巳	6日	甲辰	辛巳	6日	戊戌	己巳	5月
6日	乙酉	丙午	6日	庚辰	甲午	6日	乙亥	壬午	7日	己巳	庚午	6月
8日	乙卯	丁未	7日	庚戌	乙未	7日	乙巳	癸未	8日	己亥	辛未	7月
8日	丙戌	戊申	8日	辛巳	丙申	8日	丙子	甲申	8日	庚午	壬申	8月
8日	丁巳	己酉	8日	壬子	丁酉	8日	丁未	乙酉	8日	辛丑	癸酉	9月
9日	丁亥	庚戌	9日	壬午	戊戌	8日	丁丑	丙戌	9日	辛未	甲戌	10月
8日	戊午	辛亥	8日	癸丑	己亥	8日	戊申	丁亥	8日	壬寅	乙亥	11月
8日	戊子	壬子	7日	癸未	庚子	7日	戊寅	戊子	8日	壬申	丙子	12月
民國32年			民國31年			民國30年			民國29年			翌年
6日	己未	癸丑	6日	甲寅	辛丑	6日	己酉	己丑	6日	癸卯	丁丑	1月

1946年			1945年			1944年			1943年			西曆
民國35年			民國34年			民國33年			民國32年			年號
丙戌			乙酉			甲申			癸未			年干支
節入日	1日干支	月干支	節入日	1日干支	月干支	節入日	1日干支	月干支	節入日	1日干支	月干支	出生月
4日	丙午	庚寅	4日	辛丑	戊寅	5日	乙未	丙寅	5日	庚寅	甲寅	2月
6日	甲戌	辛卯	6日	己巳	己卯	6日	甲子	丁卯	6日	戊午	乙卯	3月
5日	乙巳	壬辰	5日	庚子	庚辰	5日	乙未	戊辰	6日	己丑	丙辰	4月
6日	乙亥	癸巳	6日	庚午	辛巳	6日	乙丑	己巳	6日	己未	丁巳	5月
7日	丙午	甲午	6日	辛丑	壬午	6日	丙申	庚午	7日	庚寅	戊午	6月
8日	丙子	乙未	7日	辛未	癸未	7日	丙寅	辛未	8日	庚申	己未	7月
8日	丁未	丙申	8日	壬寅	甲申	8日	丁酉	壬申	8日	辛卯	庚申	8月
8日	戊寅	丁酉	8日	癸酉	乙酉	8日	戊辰	癸酉	8日	壬戌	辛酉	9月
9日	戊甲	戊戌	9日	癸卯	丙戌	8日	戊戌	甲戌	9日	壬辰	壬戌	10月
8日	己卯	己亥	8日	甲戌	丁亥	7日	己巳	乙亥	8日	癸亥	癸亥	11月
8日	己酉	庚子	7日	甲辰	戊子	7日	己亥	丙子	8日	癸巳	甲子	12月
民國36年			民國35年			民國34年			民國33年			翌年
6日	庚辰	辛丑	6日	乙亥	己丑	6日	庚午	丁丑	6日	甲子	乙丑	1月

1950年			1949年			1948年			1947年			西曆
民國39年			民國38年			民國37年			民國36年			年號
庚寅			己丑			戊子			丁亥			年干支
節入日	1日干支	月干支	節入日	1日干支	月干支	節入日	1日干支	月干支	節入日	1日干支	月干支	出生月
4日	丁卯	戊寅	4日	壬戌	丙寅	5日	丙辰	甲寅	5日	辛亥	壬寅	2月
6日	乙未	己卯	6日	庚寅	丁卯	6日	乙酉	乙卯	6日	己卯	癸卯	3月
6日	丙寅	庚辰	5日	辛酉	戊辰	5日	丙辰	丙辰	6日	庚戌	甲辰	4月
6日	丙申	辛巳	6日	辛卯	己巳	6日	丙戌	丁巳	6日	庚辰	乙巳	5月
6日	丁卯	壬午	6日	壬戌	庚午	6日	丁巳	戊午	6日	辛亥	丙午	6月
8日	丁酉	癸未	7日	壬辰	辛未	7日	丁亥	己未	8日	辛巳	丁未	7月
8日	戊辰	甲申	8日	癸亥	壬申	8日	戊午	庚申	8日	壬子	戊申	8月
8日	己亥	乙酉	8日	甲午	癸酉	8日	己丑	辛酉	8日	癸未	己酉	9月
9日	己巳	丙戌	9日	甲子	甲戌	8日	己未	壬戌	9日	癸丑	庚戌	10月
8日	庚子	丁亥	8日	乙未	乙亥	8日	庚寅	癸亥	8日	甲申	辛亥	11月
8日	庚午	戊子	7日	乙丑	丙子	7日	庚申	甲子	8日	甲寅	壬子	12月
民國40年			民國39年			民國38年			民國37年			翌年
6日	辛丑	己丑	6日	丙申	丁丑	6日	辛卯	乙丑	6日	乙酉	癸丑	1月

1954年			1953年			1952年			1951年			西曆
民國43年			民國42年			民國41年			民國40年			年號
甲午			癸巳			壬辰			辛卯			年干支
節入日	1日干支	月干支	節入日	1日干支	月干支	節入日	1日干支	月干支	節入日	1日干支	月干支	出生月
4日	戊子	丙寅	4日	癸未	甲寅	5日	丁丑	壬寅	5日	壬申	庚寅	2月
6日	丙辰	丁卯	6日	辛亥	乙卯	6日	丙午	癸卯	6日	庚子	辛卯	3月
5日	丁亥	戊辰	5日	壬午	丙辰	5日	丁丑	甲辰	6日	辛未	壬辰	4月
6日	丁巳	己巳	6日	壬子	丁巳	5日	丁未	乙巳	6日	辛丑	癸巳	5月
7日	戊子	庚午	6日	癸未	戊午	6日	戊寅	丙午	6日	壬申	甲午	6月
8日	戊午	辛未	7日	癸丑	己未	7日	戊申	丁未	8日	壬寅	乙未	7月
8日	己丑	壬申	8日	甲申	庚申	8日	己卯	戊申	8日	癸酉	丙申	8月
8日	庚申	癸酉	8日	乙卯	辛酉	8日	庚戌	己酉	8日	甲辰	丁酉	9月
9日	庚寅	甲戌	9日	乙酉	壬戌	8日	庚辰	庚戌	9日	甲戌	戊戌	10月
8日	辛酉	乙亥	8日	丙辰	癸亥	7日	辛亥	辛亥	8日	乙巳	己亥	11月
8日	辛卯	丙子	7日	丙戌	甲子	7日	辛巳	壬子	8日	乙亥	庚子	12月
民國44年			民國43年			民國42年			民國41年			翌年
6日	壬戌	丁丑	6日	丁巳	乙丑	6日	壬子	癸丑	6日	丙午	辛丑	1月

1958年			1957年			1956年			1955年			西曆
民國47年			民國46年			民國45年			民國44年			年號
戊戌			丁酉			丙申			乙未			年干支
節入日	1日干支	月干支	節入日	1日干支	月干支	節入日	1日干支	月干支	節入日	1日干支	月干支	出生月
4日	己酉	甲寅	4日	甲辰	壬寅	5日	戊戌	庚寅	5日	癸巳	戊寅	2月
6日	丁丑	乙卯	6日	壬申	癸卯	5日	丁卯	辛卯	6日	辛酉	己卯	3月
5日	戊申	丙辰	5日	癸卯	甲辰	5日	戊戌	壬辰	5日	壬辰	庚辰	4月
6日	戊寅	丁巳	6日	癸酉	乙巳	5日	戊辰	癸巳	6日	壬戌	辛巳	5月
6日	己酉	戊午	6日	甲辰	丙午	6日	己亥	甲午	6日	癸巳	壬午	6月
8日	己卯	己未	7日	甲戌	丁未	7日	己巳	乙未	8日	癸亥	癸未	7月
8日	庚戌	庚申	8日	乙巳	戊申	8日	庚子	丙申	8日	甲午	甲申	8月
8日	辛巳	辛酉	8日	丙子	己酉	8日	辛未	丁酉	8日	乙丑	乙酉	9月
9日	辛亥	壬戌	9日	丙午	庚戌	8日	辛丑	戊戌	9日	乙未	丙戌	10月
8日	壬午	癸亥	8日	丁丑	辛亥	7日	壬申	己亥	8日	丙寅	丁亥	11月
7日	壬子	甲子	7日	丁未	壬子	7日	壬寅	庚子	8日	丙申	戊子	12月
民國48年			民國47年			民國46年			民國45年			翌年
6日	癸未	乙丑	6日	戊寅	癸丑	6日	癸酉	辛丑	6日	丁卯	己丑	1月

1962年			1961年			1960年			1959年			西曆
民國51年			民國50年			民國49年			民國48年			年號
壬寅			辛丑			庚子			己亥			年干支
節入日	1日干支	月干支	節入日	1日干支	月干支	節入日	1日干支	月干支	節入日	1日干支	月干支	出生月
4日	庚午	壬寅	4日	乙丑	庚寅	5日	己未	戊寅	4日	甲寅	丙寅	2月
6日	戊戌	癸卯	6日	癸巳	辛卯	5日	戊子	己卯	6日	壬午	丁卯	3月
5日	己巳	甲辰	5日	甲子	壬辰	5日	己未	庚辰	5日	癸丑	戊辰	4月
6日	己亥	乙巳	6日	甲午	癸巳	5日	己丑	辛巳	6日	癸未	己巳	5月
6日	庚午	丙午	6日	乙丑	甲午	6日	庚申	壬午	6日	甲寅	庚午	6月
8日	庚子	丁未	7日	乙未	乙未	7日	庚寅	癸未	8日	甲申	辛未	7月
8日	辛未	戊申	8日	丙寅	丙申	7日	辛酉	甲申	8日	乙卯	壬申	8月
8日	壬寅	己酉	8日	丁酉	丁酉	8日	壬辰	乙酉	8日	丙戌	癸酉	9月
9日	壬申	庚戌	8日	丁卯	戊戌	8日	壬戌	丙戌	9日	丙辰	甲戌	10月
8日	癸卯	辛亥	8日	戊戌	己亥	7日	癸巳	丁亥	8日	丁亥	乙亥	11月
8日	癸酉	壬子	7日	戊辰	庚子	7日	癸亥	戊子	8日	丁巳	丙子	12月
民國52年			民國51年			民國50年			民國49年			翌年
6日	甲辰	癸丑	6日	己亥	辛丑	6日	甲午	己丑	6日	戊子	丁丑	1月

1966年			1965年			1964年			1963年			西曆
民國55年			民國54年			民國53年			民國52年			年號
丙午			乙巳			甲辰			癸卯			年干支
節入日	1日干支	月干支	節入日	1日干支	月干支	節入日	1日干支	月干支	節入日	1日干支	月干支	出生月
4日	辛卯	庚寅	4日	丙戌	戊寅	5日	庚辰	丙寅	4日	乙亥	甲寅	2月
6日	己未	辛卯	6日	甲寅	己卯	5日	己酉	丁卯	6日	癸卯	乙卯	3月
5日	庚寅	壬辰	5日	乙酉	庚辰	5日	庚辰	戊辰	5日	甲戌	丙辰	4月
6日	庚申	癸巳	6日	乙卯	辛巳	5日	庚戌	己巳	6日	甲辰	丁巳	5月
6日	辛卯	甲午	6日	丙戌	壬午	6日	辛巳	庚午	6日	乙亥	戊午	6月
8日	辛酉	乙未	7日	丙辰	癸未	7日	辛亥	辛未	8日	乙巳	己未	7月
8日	壬辰	丙申	8日	丁亥	甲申	7日	壬午	壬申	8日	丙子	庚申	8月
8日	癸亥	丁酉	8日	戊午	乙酉	8日	癸丑	癸酉	8日	丁未	辛酉	9月
9日	癸巳	戊戌	8日	戊子	丙戌	8日	癸未	甲戌	9日	丁丑	壬戌	10月
8日	甲子	己亥	8日	己未	丁亥	7日	甲寅	乙亥	8日	戊申	癸亥	11月
8日	甲午	庚子	7日	己丑	戊子	7日	甲申	丙子	8日	戊寅	甲子	12月
民國56年			民國55年			民國54年			民國53年			翌年
6日	乙丑	辛丑	6日	庚申	己丑	6日	乙卯	丁丑	6日	己酉	乙丑	1月

1970年			1969年			1968年			1967年			西曆
民國59年			民國58年			民國57年			民國56年			年號
庚戌			己酉			戊申			丁未			年干支
節入日	1日干支	月干支	節入日	1日干支	月干支	節入日	1日干支	月干支	節入日	1日干支	月干支	出生月
4日	壬子	戊寅	4日	丁未	丙寅	5日	辛丑	甲寅	4日	丙申	壬寅	2月
6日	庚辰	己卯	6日	乙亥	丁卯	5日	庚午	乙卯	6日	甲子	癸卯	3月
5日	辛亥	庚辰	5日	丙午	戊辰	5日	辛丑	丙辰	5日	乙未	甲辰	4月
6日	辛巳	辛巳	6日	丙子	己巳	5日	辛未	丁巳	6日	乙丑	乙巳	5月
6日	壬子	壬午	6日	丁未	庚午	6日	壬寅	戊午	6日	丙申	丙午	6月
7日	壬午	癸未	7日	丁丑	辛未	7日	壬申	己未	8日	丙寅	丁未	7月
8日	癸丑	甲申	8日	戊申	壬申	7日	癸卯	庚申	7日	丁酉	戊申	8月
8日	甲申	乙酉	8日	己卯	癸酉	8日	甲戌	辛酉	8日	戊辰	己酉	9月
9日	甲寅	丙戌	8日	己酉	甲戌	8日	甲辰	壬戌	9日	戊戌	庚戌	10月
8日	乙酉	丁亥	8日	庚辰	乙亥	7日	乙亥	癸亥	8日	己巳	辛亥	11月
7日	乙卯	戊子	7日	庚戌	丙子	7日	乙巳	甲子	8日	己亥	壬子	12月
民國60年			民國59年			民國58年			民國57年			翌年
6日	丙戌	己丑	6日	辛巳	丁丑	6日	丙子	乙丑	6日	庚午	癸丑	1月

1974年			1973年			1972年			1971年			西曆
民國63年			民國62年			民國61年			民國60年			年號
甲寅			癸丑			壬子			辛亥			年干支
節入日	1日干支	月干支	節入日	1日干支	月干支	節入日	1日干支	月干支	節入日	1日干支	月干支	出生月
4日	癸酉	丙寅	4日	戊辰	甲寅	5日	壬戌	壬寅	4日	丁巳	庚寅	2月
6日	辛丑	丁卯	6日	丙申	乙卯	5日	辛卯	癸卯	6日	乙酉	辛卯	3月
5日	壬申	戊辰	5日	丁卯	丙辰	5日	壬戌	甲辰	5日	丙辰	壬辰	4月
6日	壬寅	己巳	6日	丁酉	丁巳	5日	壬辰	乙巳	6日	丙戌	癸巳	5月
6日	癸酉	庚午	6日	戊辰	戊午	6日	癸亥	丙午	6日	丁巳	甲午	6月
7日	癸卯	辛未	7日	戊戌	己未	7日	癸巳	丁未	8日	丁亥	乙未	7月
8日	甲戌	壬申	8日	己巳	庚申	7日	甲子	戊申	8日	戊午	丙申	8月
8日	乙巳	癸酉	8日	庚子	辛酉	7日	乙未	己酉	8日	己丑	丁酉	9月
9日	乙亥	甲戌	8日	庚午	壬戌	8日	乙丑	庚戌	9日	己未	戊戌	10月
8日	丙午	乙亥	7日	辛丑	癸亥	7日	丙申	辛亥	8日	庚寅	己亥	11月
7日	丙子	丙子	7日	辛未	甲子	7日	丙寅	壬子	8日	庚申	庚子	12月
民國64年			民國63年			民國62年			民國61年			翌年
6日	丁未	丁丑	6日	壬寅	乙丑	5日	丁酉	癸丑	6日	辛卯	辛丑	1月

1978年			1977年			1976年			1975年			西曆
民國67年			民國66年			民國65年			民國64年			年號
戊午			丁巳			丙辰			乙卯			年干支
節入日	1日干支	月干支	節入日	1日干支	月干支	節入日	1日干支	月干支	節入日	1日干支	月干支	出生月
4日	甲午	甲寅	4日	己丑	壬寅	5日	癸未	庚寅	4日	戊寅	戊寅	2月
6日	壬戌	乙卯	6日	丁巳	癸卯	5日	壬子	辛卯	6日	丙午	己卯	3月
5日	癸巳	丙辰	5日	戊子	甲辰	5日	癸未	壬辰	5日	丁丑	庚辰	4月
6日	癸亥	丁巳	6日	戊午	乙巳	5日	癸丑	癸巳	6日	丁未	辛巳	5月
6日	甲午	戊午	6日	己丑	丙午	5日	甲申	甲午	6日	戊寅	壬午	6月
7日	甲子	己未	7日	己未	丁未	7日	甲寅	乙未	8日	戊申	癸未	7月
8日	乙未	庚申	8日	庚寅	戊申	7日	乙酉	丙申	8日	己卯	甲申	8月
8日	丙寅	辛酉	8日	辛酉	己酉	7日	丙辰	丁酉	8日	庚戌	乙酉	9月
9日	丙申	壬戌	8日	辛卯	庚戌	8日	丙戌	戊戌	9日	庚辰	丙戌	10月
8日	丁卯	癸亥	7日	壬戌	辛亥	7日	丁巳	己亥	8日	辛亥	丁亥	11月
7日	丁酉	甲子	7日	壬辰	壬子	7日	丁亥	庚子	8日	辛巳	戊子	12月
民國68年			民國67年			民國66年			民國65年			翌年
6日	戊辰	乙丑	6日	癸亥	癸丑	5日	戊午	辛丑	6日	壬子	己丑	1月

1982年			1981年			1980年			1979年			西曆
民國71年			民國70年			民國69年			民國68年			年號
壬戌			辛酉			庚申			己未			年干支
節入日	1日干支	月干支	節入日	1日干支	月干支	節入日	1日干支	月干支	節入日	1日干支	月干支	出生月
4日	乙卯	壬寅	4日	庚戌	庚寅	5日	甲辰	戊寅	4日	己亥	丙寅	2月
6日	癸未	癸卯	6日	戊寅	辛卯	5日	癸酉	己卯	6日	丁卯	丁卯	3月
5日	甲寅	甲辰	5日	己酉	壬辰	4日	甲辰	庚辰	5日	戊戌	戊辰	4月
6日	甲申	乙巳	6日	己卯	癸巳	5日	甲戌	辛巳	6日	戊辰	己巳	5月
6日	乙卯	丙午	6日	庚戌	甲午	5日	乙巳	壬午	6日	己亥	庚午	6月
7日	乙酉	丁未	7日	庚辰	乙未	7日	乙亥	癸未	8日	己巳	辛未	7月
8日	丙辰	戊申	7日	辛亥	丙申	7日	丙午	甲申	8日	庚子	壬申	8月
8日	丁亥	己酉	8日	壬午	丁酉	7日	丁丑	乙酉	8日	辛未	癸酉	9月
9日	丁巳	庚戌	8日	壬子	戊戌	9日	丁未	丙戌	9日	辛丑	甲戌	10月
8日	戊子	辛亥	7日	癸未	己亥	7日	戊寅	丁亥	8日	壬申	乙亥	11月
7日	戊午	壬子	7日	癸丑	庚子	7日	戊申	戊子	8日	壬寅	丙子	12月
民國72年			民國71年			民國70年			民國69年			翌年
6日	己丑	癸丑	6日	甲申	辛丑	5日	己卯	己丑	6日	癸酉	丁丑	1月

西曆	1983年		
年號	民國72年		
年干支	癸亥		
出生月	月干支	1日干支	節入日
2月	甲寅	庚申	4日
3月	乙卯	戊子	6日
4月	丙辰	己未	5日
5月	丁巳	己丑	6日
6月	戊午	庚申	6日
7月	己未	庚寅	8日
8月	庚申	辛酉	8日
9月	辛酉	壬辰	8日
10月	壬戌	壬戌	9日
11月	癸亥	癸巳	8日
12月	甲子	癸亥	8日
翌年	民國73年		
1月	乙丑	甲午	6日

大展出版社有限公司 圖書目錄

地址：台北市北投區11204
致遠一路二段12巷1號
郵撥：0166955～1

電話：(02)8236031
8236033
傳眞：(02)8272069

•法律專欄連載• 電腦編號58

台大法學院 法律學系／策劃 法律服務社／編著

①別讓您的權利睡著了1	200元
②別讓您的權利睡著了2	200元

•秘傳占卜系列• 電腦編號14

①手相術	淺野八郎著	150元
②人相術	淺野八郎著	150元
③西洋占星術	淺野八郎著	150元
④中國神奇占卜	淺野八郎著	150元
⑤夢判斷	淺野八郎著	150元
⑥前世、來世占卜	淺野八郎著	150元
⑦法國式血型學	淺野八郎著	150元
⑧靈感、符咒學	淺野八郎著	150元
⑨紙牌占卜學	淺野八郎著	150元
⑩ＥＳＰ超能力占卜	淺野八郎著	150元
⑪猶太數的秘術	淺野八郎著	150元
⑫新心理測驗	淺野八郎著	160元
⑬塔羅牌預言秘法	淺野八郎著	200元

•趣味心理講座• 電腦編號15

①性格測驗1	探索男與女	淺野八郎著	140元
②性格測驗2	透視人心奧秘	淺野八郎著	140元
③性格測驗3	發現陌生的自己	淺野八郎著	140元
④性格測驗4	發現你的真面目	淺野八郎著	140元
⑤性格測驗5	讓你們吃驚	淺野八郎著	140元
⑥性格測驗6	洞穿心理盲點	淺野八郎著	140元
⑦性格測驗7	探索對方心理	淺野八郎著	140元
⑧性格測驗8	由吃認識自己	淺野八郎著	160元

⑨性格測驗9	戀愛知多少	淺野八郎著	160元
⑩性格測驗10	由裝扮瞭解人心	淺野八郎著	160元
⑪性格測驗11	敲開內心玄機	淺野八郎著	140元
⑫性格測驗12	透視你的未來	淺野八郎著	160元
⑬血型與你的一生		淺野八郎著	160元
⑭趣味推理遊戲		淺野八郎著	160元
⑮行爲語言解析		淺野八郎著	160元

•婦幼天地• 電腦編號16

①八萬人減肥成果	黃靜香譯	180元
②三分鐘減肥體操	楊鴻儒譯	150元
③窈窕淑女美髮秘訣	柯素娥譯	130元
④使妳更迷人	成 玉譯	130元
⑤女性的更年期	官舒妍編譯	160元
⑥胎內育兒法	李玉瓊編譯	150元
⑦早產兒袋鼠式護理	唐岱蘭譯	200元
⑧初次懷孕與生產	婦幼天地編譯組	180元
⑨初次育兒12個月	婦幼天地編譯組	180元
⑩斷乳食與幼兒食	婦幼天地編譯組	180元
⑪培養幼兒能力與性向	婦幼天地編譯組	180元
⑫培養幼兒創造力的玩具與遊戲	婦幼天地編譯組	180元
⑬幼兒的症狀與疾病	婦幼天地編譯組	180元
⑭腿部苗條健美法	婦幼天地編譯組	180元
⑮女性腰痛別忽視	婦幼天地編譯組	150元
⑯舒展身心體操術	李玉瓊編譯	130元
⑰三分鐘臉部體操	趙薇妮著	160元
⑱生動的笑容表情術	趙薇妮著	160元
⑲心曠神怡減肥法	川津祐介著	130元
⑳內衣使妳更美麗	陳玄茹譯	130元
㉑瑜伽美姿美容	黃靜香編著	180元
㉒高雅女性裝扮學	陳珮玲譯	180元
㉓蠶糞肌膚美顏法	坂梨秀子著	160元
㉔認識妳的身體	李玉瓊譯	160元
㉕產後恢復苗條體態	居理安•芙萊喬著	200元
㉖正確護髮美容法	山崎伊久江著	180元
㉗安琪拉美姿養生學	安琪拉蘭斯博瑞著	180元
㉘女體性醫學剖析	增田豐著	220元
㉙懷孕與生產剖析	岡部綾子著	180元
㉚斷奶後的健康育兒	東城百合子著	220元
㉛引出孩子幹勁的責罵藝術	多湖輝著	170元

㉜培養孩子獨立的藝術　多湖輝著　170元
㉝子宮肌瘤與卵巢囊腫　陳秀琳編著　180元
㉞下半身減肥法　納他夏・史達賓著　180元
㉟女性自然美容法　吳雅菁編著　180元
㊱再也不發胖　池園悅太郎著　170元
㊲生男生女控制術　中垣勝裕著　220元
㊳使妳的肌膚更亮麗　楊　皓編著　170元
㊴臉部輪廓變美　芝崎義夫著　180元
㊵斑點、皺紋自己治療　高須克彌著　180元
㊶面皰自己治療　伊藤雄康著　180元
㊷隨心所欲瘦身冥想法　原久子著　180元
㊸胎兒革命　鈴木丈織著　180元
㊹NS磁氣平衡法塑造窈窕奇蹟　古屋和江著　180元
㊺享瘦從腳開始　山田陽子著　180元
㊻小改變瘦４公斤　宮本裕子著　180元

・青 春 天 地・電腦編號 17

①A血型與星座　柯素娥編譯　160元
②B血型與星座　柯素娥編譯　160元
③O血型與星座　柯素娥編譯　160元
④AB血型與星座　柯素娥編譯　120元
⑤青春期性教室　呂貴嵐編譯　130元
⑥事半功倍讀書法　王毅希編譯　150元
⑦難解數學破題　宋釗宜編譯　130元
⑧速算解題技巧　宋釗宜編譯　130元
⑨小論文寫作秘訣　林顯茂編譯　120元
⑪中學生野外遊戲　熊谷康編著　120元
⑫恐怖極短篇　柯素娥編譯　130元
⑬恐怖夜話　小毛驢編譯　130元
⑭恐怖幽默短篇　小毛驢編譯　120元
⑮黑色幽默短篇　小毛驢編譯　120元
⑯靈異怪談　小毛驢編譯　130元
⑰錯覺遊戲　小毛驢編譯　130元
⑱整人遊戲　小毛驢編著　150元
⑲有趣的超常識　柯素娥編譯　130元
⑳哦！原來如此　林慶旺編譯　130元
㉑趣味競賽100種　劉名揚編譯　120元
㉒數學謎題入門　宋釗宜編譯　150元
㉓數學謎題解析　宋釗宜編譯　150元
㉔透視男女心理　林慶旺編譯　120元

㉕少女情懷的自白	李桂蘭編譯	120元
㉖由兄弟姊妹看命運	李玉瓊編譯	130元
㉗趣味的科學魔術	林慶旺編譯	150元
㉘趣味的心理實驗室	李燕玲編譯	150元
㉙愛與性心理測驗	小毛驢編譯	130元
㉚刑案推理解謎	小毛驢編譯	130元
㉛偵探常識推理	小毛驢編譯	130元
㉜偵探常識解謎	小毛驢編譯	130元
㉝偵探推理遊戲	小毛驢編譯	130元
㉞趣味的超魔術	廖玉山編著	150元
㉟趣味的珍奇發明	柯素娥編著	150元
㊱登山用具與技巧	陳瑞菊編著	150元

•健 康 天 地• 電腦編號 18

①壓力的預防與治療	柯素娥編譯	130元
②超科學氣的魔力	柯素娥編譯	130元
③尿療法治病的神奇	中尾良一著	130元
④鐵證如山的尿療法奇蹟	廖玉山譯	120元
⑤一日斷食健康法	葉慈容編譯	150元
⑥胃部強健法	陳炳崑譯	120元
⑦癌症早期檢查法	廖松濤譯	160元
⑧老人痴呆症防止法	柯素娥編譯	130元
⑨松葉汁健康飲料	陳麗芬編譯	130元
⑩揉肚臍健康法	永井秋夫著	150元
⑪過勞死、猝死的預防	卓秀貞編譯	130元
⑫高血壓治療與飲食	藤山順豐著	150元
⑬老人看護指南	柯素娥編譯	150元
⑭美容外科淺談	楊啟宏著	150元
⑮美容外科新境界	楊啟宏著	150元
⑯鹽是天然的醫生	西英司郎著	140元
⑰年輕十歲不是夢	梁瑞麟譯	200元
⑱茶料理治百病	桑野和民著	180元
⑲綠茶治病寶典	桑野和民著	150元
⑳杜仲茶養顏減肥法	西田博著	150元
㉑蜂膠驚人療效	瀨長良三郎著	180元
㉒蜂膠治百病	瀨長良三郎著	180元
㉓醫藥與生活	鄭炳全著	180元
㉔鈣長生寶典	落合敏著	180元
㉕大蒜長生寶典	木下繁太郎著	160元
㉖居家自我健康檢查	石川恭三著	160元

㉗永恒的健康人生	李秀鈴譯	200元
㉘大豆卵磷脂長生寶典	劉雪卿譯	150元
㉙芳香療法	梁艾琳譯	160元
㉚醋長生寶典	柯素娥譯	180元
㉛從星座透視健康	席拉・吉蒂斯著	180元
㉜愉悅自在保健學	野本二士夫著	160元
㉝裸睡健康法	丸山淳士等著	160元
㉞糖尿病預防與治療	藤田順豐著	180元
㉟維他命長生寶典	菅原明子著	180元
㊱維他命C新效果	鐘文訓編	150元
㊲手、腳病理按摩	堤芳朗著	160元
㊳AIDS瞭解與預防	彼得塔歇爾著	180元
㊴甲殼質殼聚糖健康法	沈永嘉譯	160元
㊵神經痛預防與治療	木下眞男著	160元
㊶室內身體鍛鍊法	陳炳崑編著	160元
㊷吃出健康藥膳	劉大器編著	180元
㊸自我指壓術	蘇燕謀編著	160元
㊹紅蘿蔔汁斷食療法	李玉瓊編著	150元
㊺洗心術健康秘法	竺翠萍編譯	170元
㊻枇杷葉健康療法	柯素娥編譯	180元
㊼抗衰血癒	楊啟宏著	180元
㊽與癌搏鬥記	逸見政孝著	180元
㊾冬蟲夏草長生寶典	高橋義博著	170元
㊿痔瘡・大腸疾病先端療法	宮島伸宜著	180元
51膠布治癒頑固慢性病	加瀨建造著	180元
52芝麻神奇健康法	小林貞作著	170元
53香煙能防止癡呆？	高田明和著	180元
54穀菜食治癌療法	佐藤成志著	180元
55貼藥健康法	松原英多著	180元
56克服癌症調和道呼吸法	帶津良一著	180元
57Ｂ型肝炎預防與治療	野村喜重郎著	180元
58青春永駐養生導引術	早島正雄著	180元
59改變呼吸法創造健康	原久子著	180元
60荷爾蒙平衡養生秘訣	出村博著	180元
61水美肌健康法	井戶勝富著	170元
62認識食物掌握健康	廖梅珠編著	170元
63痛風劇痛消除法	鈴木吉彥著	180元
64酸莖菌驚人療效	上田明彥著	180元
65大豆卵磷脂治現代病	神津健一著	200元
66時辰療法——危險時刻凌晨４時	呂建強等著	180元
67自然治癒力提升法	帶津良一著	180元